みんなの日本語

初級II 第2版

Minna no Nihongo

초급 일본어 II
번역·문법해설―한국어판

翻訳・文法解説
韓国語版

スリーエーネットワーク

©1999 by 3A Corporation

All rights reserved. No part of this publication may be reproduced, stored in a retrieval system or transmitted in any form or by any means, electronic, mechanical, photocopying, recording, or otherwise, without the prior written permission of the Publisher.

Published by 3A Corporation.
Trusty Kojimachi Bldg., 2F, 4, Kojimachi 3-Chome, Chiyoda-ku, Tokyo 102-0083, Japan

ISBN978-4-88319-708-8 C0081

First published 1999
Second Edition 2015
Printed in Japan

머리말

본 교재는 『みんなの日本語』라는 제목에서도 알 수 있듯이 처음으로 일본어를 배우는 사람 누구나 즐겁게 공부할 수 있고 가르치는 사람도 흥미진진하게 가르칠 수 있도록 3년이 넘는 시간에 걸쳐 기획·편집한 책으로, 『新日本語の基礎』의 자매편이라고도 할 수 있는 본격적인 교과서입니다.

잘 아시는 바와 같이 『新日本語の基礎』는 기술 연수생들을 위하여 개발된 교과서임에도 불구하고, 초급 단계 일본어 교재로서의 내용도 충분히 갖추고 있어서 단기간에 일본어 회화 능력을 습득하고자 하는 학습자들에게 학습 효율이 매우 뛰어난 교과서로 알려져, 현재까지도 일본 국내는 물론 해외에서도 폭넓게 이용되고 있습니다.

바야흐로 최근의 일본어 교육은 점점 다양화되고 있습니다. 국제 관계의 발전에 따라 여러 외국과의 인적 교류가 활발해지고 있는 가운데, 다양한 배경과 목적을 지닌 외국인들이 일본의 지역 사회에서 생활하게 되었습니다. 이와 같은 외국인의 증가에 따른 일본어 교육을 둘러싼 사회적 상황의 변화는 각각의 일본어 교육의 현장에도 영향을 미쳐, 다양해진 학습자 요구에 적합한 개별적 대응이 요구되고 있습니다.

이와 같은 시대적 상황 속에서 3A 네트워크는 일본 국내외에서 오랫동안 일본어 교육에 힘써 온 많은 분들의 의견과 요구에 부응하고자 『みんなの日本語』를 출판하게 되었습니다. 다시 말해 『みんなの日本語』는 『新日本語の基礎』의 학습 항목과 학습 방법이 이해하기 쉽다는 장점을 살리는 동시에, 회화 장면 및 등장인물 등을 다양해진 학습자에게 맞게 바꿈으로써 범용성을 높이고, 국내외 학습자들이 그 지역의 특성에 관계없이 즐겁게 일본어를 학습할 수 있도록 내용의 충실화에 온 힘을 다했습니다.

『みんなの日本語』의 사용자는 직장, 가정, 학교, 지역 등에서 당장 일본어로 의사소통해야 하는 모든 외국인입니다. 초급 교재이지만 등장하는 외국인과 일본인 사이의 교류 장면에 일본의 제반 사정과 일본인의 사회생활 및 일상생활을 최대한 반영하고자 노력하였습니다. 주로 일반 사회인을 대상으로 하고 있으나, 대학 진학 준비 과정, 전문학교 및 대학의 단기 집중 과정의 교재로도 유용하게 사용할 수 있습니다.

나아가 3A 네트워크는 보다 다양해진 학습자와 학습 현장으로부터의 여러 요구에 부응하기 위하여, 앞으로도 새로운 학습 교재의 제작을 적극적으로 지속해 나갈 예정이오니 계속 변함없는 관심과 애정을 보내 주시길 부탁 드립니다.

　마지막으로 실제 수업 현장에서 사용한 후의 피드백을 비롯하여 본 교재의 편찬에 필요한 다방면의 의견과 적극적인 협력을 주신 분들께 지면을 빌어 깊은 감사를 드립니다. 3A 네트워크는 앞으로도 일본어 학습 교재의 출판 등을 통하여 인간과 인간의 네트워크를 전세계로 펼쳐 나갈 수 있기를 진심으로 기대하고 있습니다.

　아무쪼록 앞으로도 지속적인 성원과 지도 편달을 부탁 드립니다.

1998년 6월

주식회사 3A 네트워크

대표취체역 사장　오가와 이와오 (小川巖)

제 2 판 머리말
──『みんなの日本語 初級 第2版』발행에 즈음하여──

이번에 『みんなの日本語 初級 第2版』을 발행하게 되었습니다. 『みんなの日本語 初級』는 초판 머리말에도 썼듯이 기술 연수생을 위해서 개발된 『新日本語の基礎』의 자매편이라고 할 수 있는 교과서입니다.

『みんなの日本語 初級Ⅰ 本冊』의 초판 제1쇄 발행은 1998년 3월입니다. 이 시기에는 국제 관계의 발전에 따라 일본어 교육을 둘러싼 사회 환경도 변하고 학습자 수의 급격한 증가와 함께 학습 목적과 요구 사항도 눈에 띄게 다양해져서 이에 적합한 개별적 대응이 요구되었습니다. 3A 네트워크는 국내외 일본어 교육의 실천 현장으로부터의 의견과 요구에 부응하기 위하여 『みんなの日本語 初級』를 출판하였습니다.

『みんなの日本語 初級』는 학습 항목과 학습 방법이 알기 쉽고, 학습자의 다양성을 고려하여 제작되어 범용성이 높으며, 교재로서의 내용도 충분히 갖추고 있어서 일본어 회화 능력을 단기간에 습득하려는 학습자들에게 학습 효과가 뛰어나다는 평가를 받으며 10년 이상 애용되어 왔습니다. 그러나 언어는 살아 움직이는 것입니다. 그동안 세계도 일본도 변화의 격동을 겪어 왔습니다. 특히, 최근 몇 년 동안 일본어와 학습자를 둘러싼 상황은 크게 변화하였습니다.

이와 같은 상황을 배경으로 우리는 외국인을 위한 일본어 교육에 한층 더 공헌할 수 있도록 출판·연수 사업에서의 경험과 학습자 및 교육 현장으로부터 수집된 의견과 질문을 모두 반영하여 『みんなの日本語 初級Ⅰ·Ⅱ』를 재검토하고 부분 개정을 단행하였습니다.

개정의 핵심은 언어 운용력 향상과 시대 흐름에 부적합한 표현과 장면의 변경입니다. 학습자와 교육 현장으로부터의 의견을 존중하고 종전의 '배우기 쉽고 가르치기 쉬운' 교과서의 구성을 지키면서 연습과 문제를 보충하였습니다. 단순히 지시를 따라서 수동적으로 연습을 하는 것이 아니라, 상황을 스스로 파악하고 생각하면서 표현하는 언어 생성 능력의 강화를 목표로 두었습니다. 그리고 이를 위하여 그림 자료를 최대한 다양하게 활용하였습니다.

이에 실제 수업 현장에서 사용한 후의 피드백을 비롯하여 본 교재의 편찬에 필요한 다방면의 의견과 적극적인 협력을 주신 분들께 깊은 감사를 드립니다. 우리는 앞으로도 일본어 학습자에게 필요한 커뮤니케이션뿐만 아니라 사람과 사람의 국제 교류 활동에 공헌할 수 있는 교재를 개발하여 더 많은 분들께 도움을 줄 수 있기를 기대하고 있습니다. 앞으로도 지속적인 성원과 지도 편달을 부탁 드립니다.

2013년 1월

주식회사 3A 네트워크

대표취체역 사장 고바야시 다쿠지 (小林 卓爾)

이 책을 사용하시는 분들께

Ⅰ. 구성

『みんなの日本語 初級Ⅱ 第2版』은「주교재(本冊)」(CD 포함),「번역·문법해설」로 구성된다.「번역·문법해설」은 영어판을 비롯하여 12개국어로의 출판이 예정되어 있다.

이 교과서는 일본어의 말하기, 듣기, 읽기, 쓰기 4가지 기능을 익히는 것을 목표로 구성되어 있다. 단, 히라가나, 가타카나, 한자 등 문자의 읽기, 쓰기 지도는「주교재」「번역·문법해설」에 포함되어 있지 않다.

Ⅱ. 내용

1. 주교재(本冊)

1) 각 과

『みんなの日本語 初級Ⅰ 第2版』(총 25과)의 속편으로 제26과부터 제50과까지로 구성되어 있으며, 그 내용은 아래와 같이 나누어진다.

① 문형

각 과에서 배우는 기본 문형을 실었다.

② 예문

기본 문형이 실제로 어떻게 사용되는지를 짧은 담화 형태로 제시하였다. 또한 새로 나온 부사, 접속사 등의 사용법과 기본 문형 이외의 학습 항목도 실려 있다.

③ 회화

회화에는 일본에서 생활하는 외국인들이 등장하여 펼쳐지는 다양한 장면을 소개한다. 각 과의 학습 내용 외에 일상생활에서 사용하는 인사말 등 관용 표현을 포함하여 구성하였다. 시간과 여유가 있으면「번역·문법해설」에 나오는 참고 어휘를 이용하여 회화를 발전시킬 수도 있다.

④ 연습

연습은 A, B, C 3단계로 나뉜다.

연습 A는 문법적인 구조를 쉽게 이해할 수 있도록 레이아웃을 시각적으로 구성하였다. 기본적인 문형을 익힘과 동시에 활용형을 만드는 법, 접속하는 법 등을 쉽게 배울 수 있도록 배려하였다.

연습 B에서는 다양한 형식의 문형 활용 연습(drill)으로 기본 문형을 확실히 익힐 수 있도록 하였다. '➡'가 표시된 항목은 그림을 활용한 연습을 가리킨다.

연습 C는 커뮤니케이션 능력을 기르기 위한 연습이다. 제시된 회화에서 밑줄 친 말을 상황에 맞는 것으로 바꾸어 가면서 회화를 하는데, 단순한 대입 연습이 되지 않도록 모범문의 대입 어구를 학습자의 상황에 맞는 것으로 바꾸거나, 내용을 확장하거나, 나아가서는 회화의 장면을 전개시키는 연습을 시도해 보기를 바란다.

또한 연습 B, C의 정답 예시는 별책에 수록하였다.

⑤ 문제

문제에는 청취 문제, 문법 문제, 독해 문제 및 발전 과제가 있다. 청취 문제에는 짧은 질문에 대답하는 문제와 짧은 회화를 듣고 요점을 파악하는 문제가 있다. 문법 문제에서는 어휘와 문법 사항에 대한 이해도를 확인한다. 독해 문제에서는 이미 학습한 어휘와 문법을 응용한 문장을 읽고 그 내용에 관한 여러 형식의 과제를 풀어 본다. 또한 발전 과제에서는 지문과 관련된 화제에 대해서 글쓰기와 말하기 과제를 수행한다. 이 교과서는 학습에 도움이 될 수 있도록 띄어쓰기를 원칙으로 하고 있으나, 중급에 가기 전에 띄어쓰기를 하지 않는 문장에 서서히 익숙해질 수 있도록 초급 Ⅱ의 지문에서는 띄어쓰기를 하지 않았다.

⑥ 복습

학습 사항의 요점을 정리하기 위하여 5과마다 마련하였다.

⑦ 부사, 접속사, 회화 표현의 정리

이 교과서에 제시된 부사, 접속사, 회화 표현을 정리하기 위한 문제를 마련하였다.

2) 동사의 폼(form)

이 교과서(『初級Ⅰ』을 포함함)에서 제시된 동사의 폼(form)을 정리하여 그 후속구와 함께 실었다.

3) 학습 항목 일람

이 교과서에 제시된 학습 항목을 연습 A를 중심으로 정리하였다. 문형, 예문, 연습 B, 연습 C와의 관련성을 알 수 있도록 구성하였다.

4) 색인

제1과에서 제50과까지 각 과에 새로 나온 어휘와 표현 등을 싣고, 처음 등장한 과도 표시하였다.

5) 별첨 CD

주교재(本冊)에 포함된 CD에는 각 과의 회화, 문제의 청취 부분이 수록되어 있다.

2. 번역, 문법 해설

제26과에서 제50과까지의 각 항목

① 신출 어휘와 그 번역

② 문형, 예문, 회화의 번역

③ 각 과의 학습에 도움이 되는 참고 어휘와 일본 문화에 대한 간단한 소개

④ 문형 및 표현에 대한 문법 설명

III. 학습에 소요되는 시간

한 개의 과마다 4~6시간, 교과서 전체는 150시간을 목표로 한다.

IV. 어휘

일상생활에서의 사용 빈도가 높은 것을 중심으로 약 1,000개 단어를 다루었다.

V. 표기

한자 표기는 원칙적으로 「常用漢字表」(1981년 내각 고시)를 따랐다.

1) 「熟字訓」(두 개 이상의 한자로 이루어져 있으면서 읽는 방식이 특이한 단어) 중 「常用漢字表」의 「付表」에 제시된 것은 한자로 표기하였다.

   예 : 友達 친구   果物 과일   眼鏡 안경

2) 국가명, 지명 등의 고유 명사 또는 예능, 문화 등의 전문 분야 어휘의 경우는 「常用漢字表」에 없는 한자와 음독, 훈독도 사용하였다.

   예 : 大阪 오사카   奈良 나라   歌舞伎 가부키

3) 가독성을 고려해서 가나로 표기한 것도 있다.

   예 : ある (有る・在る) 있다   たぶん (多分) 아마
   きのう (昨日) 어제

4) 숫자는 원칙적으로 아라비아 숫자를 사용하였다.

   예 : 9時 9시   4月1日 4월 1일   1つ 하나

Ⅵ. 기타

1) 문장 안에서 생략할 수 있는 어구는 [   ] 안에 넣어 표시하였다.

예 : 父は 54 [歳] です。　아버지는 54[세] 입니다.

2) 다른 표현이 가능한 경우에는 (   ) 안에 넣어 표시하였다.

예 : だれ (どなた)　누구 (어느 분)

효과적인 사용법

1. 단어와 표현을 외운다

「번역·문법해설」에 각 과의 새 어휘와 표현의 번역문이 제시되어 있습니다. 새로 나온 단어는 그 단어로 짧은 문장을 만드는 연습을 하면서 외우는 것이 효과적입니다.

2. 문형 연습을 한다

문형의 정확한 뜻을 파악하고, 문형의 형식을 확실히 익힐 때까지 소리 내어 외면서 연습 A, 연습 B를 합시다.

3. 회화 연습을 한다

연습 C는 짧은 회화입니다. 패턴 연습만으로 끝내지 말고, 회화를 이어가면서 이야기를 확장하도록 합시다. 회화에서는 일상생활에서 실제로 만나는 장면을 다루었습니다. CD를 들으면서 실제 동작도 함께 연기해 보면 자연스러운 회화의 리듬을 몸에 익힐 수 있을 것입니다.

4. 확인한다

각 과의 학습 내용을 총정리하기 위한 문제가 마련되어 있습니다. 내용을 정확하게 이해했는지 문제로 확인합시다.

5. 실제로 말해 본다

학습한 일본어를 사용해서 일본 사람에게 말을 걸어 봅시다. 학습한 내용을 바로 사용해 보는 것이 외국어 향상의 지름길입니다.

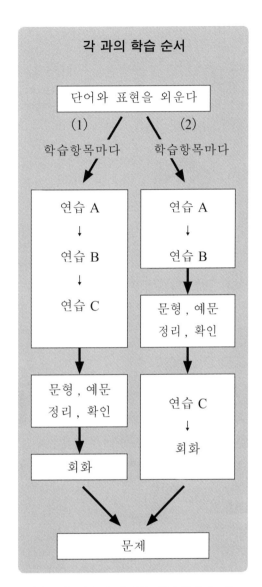

(1) 또는 (2)의 순서로 학습합시다. 학습항목은 권말의 「학습항목일람」을 참조하십시오.

등장인물

마이크 밀러
미국, IMC 사원

스즈키 야스오
일본, IMC 사원

나카무라 아키코
일본, IMC 영업과장

이진주
한국, AKC 연구원

타와폰
타이, 사쿠라대학교 학생

카리나
인도네시아, 후지대학교 학생

오가와 히로시
일본, 마이크 밀러의 이웃 사람

오가와 요네
일본, 오가와 히로시의 어머니

오가와 사치코
일본, 회사원

칼 슈미트
독일, 파워전기 기술자

클라라 슈미트
독일, 독일어 교사

이토 지세코
일본, 히마와리소학교 교사,
한스 슈미트의 담임 교사

와타나베 아케미
일본, 파워전기 사원

다카하시 도루
일본, 파워전기 사원

하야시 마키코
일본, 파워전기 사원

존 와트
영국, 사쿠라대학교 영어 교사

마쓰모토 다다시
일본, IMC(오사카) 부장

마쓰모토 요시코
일본, 주부

한스
독일, 소학교 학생, 12세
칼 슈미트와 클라라 슈미트의 아들

굽타
인도, IMC 사원

기무라 이즈미
일본, 아나운서

※IMC(컴퓨터 소프트웨어 회사)
※AKC(アジア研究センター: 아시아연구센터)

차 례

『みんなの日本語 初級Ⅰ 第2版』의 문법 해설, 참고 어휘와 정보 ·················· 2
학습 용어 ·· 6
일러두기 ·· 7

제26과 ·· 8

Ⅰ. 어휘
Ⅱ. 번역
    문형과 예문
    회화
       쓰레기는 어디다 내놓으면 됩니까?
Ⅲ. 참고 어휘와 정보
       쓰레기 내놓는 방법
Ⅳ. 문법 해설
  1. V / い-adj 보통형 / な-adj 보통형 ~だ→~な / N んです
  2. Vて형 いただけませんか
  3. 의문사 Vた형ら いいですか
  4. N(대상)は 好きです／嫌いです / 上手です／下手です / あります 기타

제27과 ·· 14

Ⅰ. 어휘
Ⅱ. 번역
    문형과 예문
    회화
       무엇이든지 만들 수 있군요
Ⅲ. 참고 어휘와 정보
       동네 가게들
Ⅳ. 문법 해설
  1. 가능동사
  2. 가능동사가 사용되는 문장
  3. 見えます와 聞こえます
  4. できます
  5. しか
  6. Nは(대비)
  7. 조사가 붙은 말을 강조하는 「は」

제28과 ·· 20

Ⅰ. 어휘
Ⅱ. 번역
    문형과 예문
    회화
       출장도 많고 시험도 있고…
Ⅲ. 참고 어휘와 정보
       집을 빌리다
Ⅳ. 문법 해설
  1. V_1 ます형ながら V_2
  2. Vて형 います
  3. 보통형し、보통형し、～
  4. それで
  5. ～とき+조사

제29과 26

Ⅰ. 어휘
Ⅱ. 번역
   문형과 예문
   회화
      소지품을 두고 내려 버렸습니다
Ⅲ. 참고 어휘와 정보
      상태, 모습

Ⅳ. 문법 해설
  1. Vて형 います
  2. Vて형 しまいました／しまいます
  3. N(장소)に 行きます／来ます／帰ります
  4. それ／その／そう
  5. ありました
  6. どこかで／どこかに

제30과 32

Ⅰ. 어휘
Ⅱ. 번역
   문형과 예문
   회화
      비상용 주머니를 준비해
      두어야겠습니다
Ⅲ. 참고 어휘와 정보
      비상시

Ⅳ. 문법 해설
  1. Vて형 あります
  2. Vて형 おきます
  3. まだ＋긍정
  4. とか
  5. 격조사＋も

제31과 38

Ⅰ. 어휘
Ⅱ. 번역
   문형과 예문
   회화
      요리를 배우려고 생각하고 있습니다
Ⅲ. 참고 어휘와 정보
      전문

Ⅳ. 문법 해설
  1. 의향형
  2. 의향형의 사용법
  3. V사전형 / Vない형ない ┐ つもりです
  4. V사전형 / Nの ┐ 予定です
  5. まだ Vて형 いません
  6. 帰ります － 帰り

제32과 — 44

- Ⅰ. 어휘
- Ⅱ. 번역
    - 문형과 예문
    - 회화
        - 무리를 하지 않는 편이 좋습니다
- Ⅲ. 참고 어휘와 정보
    - 일기 예보
- Ⅳ. 문법 해설
    1. Vた形 / Vない形ない } ほうが いいです
    2. V / い-adj 보통형 / な-adj 보통형 / N 〜だ } でしょう
    3. V / い-adj 보통형 / な-adj 보통형 / N 〜だ } かも しれません
    4. Vます形ましょう
    5. 수량사で
    6. 何か 心配な こと

제33과 — 50

- Ⅰ. 어휘
- Ⅱ. 번역
    - 문형과 예문
    - 회화
        - 이것은 어떤 뜻입니까?
- Ⅲ. 참고 어휘와 정보
    - 표지
- Ⅳ. 문법 해설
    1. 명령형, 금지형
    2. 명령형과 금지형의 사용법
    3. 〜と 書いて あります／〜と 読みます
    4. XはYと いう 意味です
    5. S 보통형 } と 言って いました
    6. S 보통형 } と 伝えて いただけませんか

제34과 — 56

- Ⅰ. 어휘
- Ⅱ. 번역
    - 문형과 예문
    - 회화
        - 제가 하는 대로 해 주십시오
- Ⅲ. 참고 어휘와 정보
    - 요리
- Ⅳ. 문법 해설
    1. V₁た形 / Nの } とおりに、V₂
    2. V₁た形 / Nの } あとで、V₂
    3. V₁て形 / V₁ない形ないで } V₂

제 35 과 62

Ⅰ. 어휘
Ⅱ. 번역
  문형과 예문
  회화
    어딘가 좋은 곳 없습니까?
Ⅲ. 참고 어휘와 정보
  속담

Ⅳ. 문법 해설
  1. 조건형 만드는 법
  2. 조건형、~
  3. 의문사 V조건형 いいですか
  4. Nなら、~
  5. ~は ありませんか (부정 의문문)

제 36 과 68

Ⅰ. 어휘
Ⅱ. 번역
  문형과 예문
  회화
    매일 운동하도록 하고 있습니다
Ⅲ. 참고 어휘와 정보
  건강

Ⅳ. 문법 해설
  1. $\left.\begin{array}{l}V_1 \text{사전형} \\ V_1 \text{ない형ない}\end{array}\right\}$ ように、V_2
  2. V 사전형 ように なります
  3. $\left.\begin{array}{l}V \text{사전형} \\ V \text{ない형ない}\end{array}\right\}$ ように します
  4. 早い→早く 上手な→上手に

제 37 과 74

Ⅰ. 어휘
Ⅱ. 번역
  문형과 예문
  회화
    긴카쿠지는 14세기에 세워졌습니다
Ⅲ. 참고 어휘와 정보
  사고, 사건

Ⅳ. 문법 해설
  1. 수동동사
  2. N_1 (사람$_1$)은 N_2 (사람$_2$)에 수동동사
  3. N_1 (사람$_1$)은 N_2 (사람$_2$)에 N_3을 수동동사
  4. N (물건／일)이／은 수동동사
  5. N から／N で つくります
  6. N_1 の N_2
  7. この／その／あの N (위치)

제 38 과 80

Ⅰ. 어휘
Ⅱ. 번역
  문형과 예문
  회화
    정리하는 것을 좋아합니다
Ⅲ. 참고 어휘와 정보
  위치

Ⅳ. 문법 해설
  1. 명사화하는「の」
  2. V 사전형のは adj です
  3. V 사전형のが adj です
  4. V 사전형のを 忘れました
  5. V 보통형のを 知って いますか
  6. $\left.\begin{array}{l}V \\ \text{い-adj}\ \}\ \text{보통형} \\ \text{な-adj}\ \}\ \text{보통형} \\ N_1\ \ \ \ \ \ \ \sim だ→\sim な\end{array}\right\}$ のは N_2 です

제39과 ··· 86
Ⅰ. 어휘
Ⅱ. 번역
　　문형과 예문
　　회화
　　　　늦어서 미안합니다
Ⅲ. 참고 어휘와 정보
　　　　기분

Ⅳ. 문법 해설
　1. 〜て(で)、〜
　2. V　　　　　　｝보통형
　　　い-adj　　　｝보통형　　｝ので、〜
　　　な-adj　　　｝보통형
　　　N　　　　　｝〜だ→〜な
　3. 途中で

제40과 ··· 92
Ⅰ. 어휘
Ⅱ. 번역
　　문형과 예문
　　회화
　　　　친구가 생겼을지 어떨지 걱정입니다
Ⅲ. 참고 어휘와 정보
　　　　단위, 선, 모양, 무늬

Ⅳ. 문법 해설
　1. V　　　　　　｝보통형
　　　い-adj　　　｝보통형　　｝か、〜
　　　な-adj　　　｝보통형
　　　N　　　　　｝〜だ
　2. V　　　　　　｝보통형
　　　い-adj　　　｝보통형　　｝か どうか、〜
　　　な-adj　　　｝보통형
　　　N　　　　　｝〜だ
　3. Vて형 みます
　4. い-adj(〜い)→〜さ
　5. 〜でしょうか

제41과 ··· 98
Ⅰ. 어휘
Ⅱ. 번역
　　문형과 예문
　　회화
　　　　결혼을 축하합니다
Ⅲ. 참고 어휘와 정보
　　　　편리한 정보

Ⅳ. 문법 해설
　1. 수수 표현
　2. 행위의 수수
　3. Vて형 くださいませんか
　4. Nに V

제42과 ··· 104
Ⅰ. 어휘
Ⅱ. 번역
　　문형과 예문
　　회화
　　　　보너스는 어디에 사용합니까?
Ⅲ. 참고 어휘와 정보
　　　　사무 용품, 도구

Ⅳ. 문법 해설
　1. V사전형　　｝ために、〜
　　　Nの　　　
　2. V사전형の　｝に 〜
　　　N　　　　
　3. 수량사는／도
　4. 〜に よって

제43과 110
Ⅰ. 어휘
Ⅱ. 번역
    문형과 예문
    회화
      매일 즐거워 보입니다
Ⅲ. 참고 어휘와 정보
    성격, 성질

Ⅳ. 문법 해설
1. ～そうです
2. Vて형 来ます
3. Vて형 くれませんか

제44과 116
Ⅰ. 어휘
Ⅱ. 번역
    문형과 예문
    회화
      이 사진처럼 커트해 주십시오
Ⅲ. 참고 어휘와 정보
    미용실, 이발소

Ⅳ. 문법 해설
1. Vます형 / い-adj(～い) / な-adj[な] } すぎます
2. Vます형 { やすいです / にくいです
3. N₁ を { い-adj(～い)→～く / な-adj[な]→～に / N₂ に } します
4. N に します

제45과 122
Ⅰ. 어휘
Ⅱ. 번역
    문형과 예문
    회화
      코스를 잘못 들었을 경우에는
      어떻게 하면 됩니까?
Ⅲ. 참고 어휘와 정보
    병원

Ⅳ. 문법 해설
1. V사전형 / Vない형ない / Vた형 / い-adj(～い) / な-adjな / Nの } 場合は、～
2. V / い-adj 보통형 / な-adj 보통형 / N } ～だ→～な } のに、～

제46과 128

Ⅰ. 어휘
Ⅱ. 번역
　문형과 예문
　회화
　　지난주에 갓 수리를 받았는데, 또...
Ⅲ. 참고 어휘와 정보
　　가타카나 단어의 기원

Ⅳ. 문법 해설
1. V 사전형
   V て형 いる ｝ ところです
   V た형
2. V た형 ばかりです
3. V 사전형
   V ない형 ない
   い-adj（～い） ｝ はずです
   な-adj な
   N の

제47과 134

Ⅰ. 어휘
Ⅱ. 번역
　문형과 예문
　회화
　　약혼했다고 합니다
Ⅲ. 참고 어휘와 정보
　　의성어, 의태어

Ⅳ. 문법 해설
1. 보통형 そうです
2. V   ｝ 보통형
   い-adj ｝ 보통형
   な-adj 보통형 ～だ→～な ｝ ようです
   N 　　보통형 ～だ→～の
3. 声／音／におい／味が します

제48과 140

Ⅰ. 어휘
Ⅱ. 번역
　문형과 예문
　회화
　　쉬게 해 주시지 않겠습니까?
Ⅲ. 참고 어휘와 정보
　　가르치다, 훈련하다

Ⅳ. 문법 해설
1. 사역동사
2. 사역동사의 문장
3. 사역동사의 사용법
4. 사역동사 て형 いただけませんか

제49과 146

Ⅰ. 어휘
Ⅱ. 번역
　문형과 예문
　회화
　　말씀 잘 전해 주십시오
Ⅲ. 참고 어휘와 정보
　　계절 행사

Ⅳ. 문법 해설
1. 敬語 (존경어, 겸양어)
2. 尊敬語 (존경어)
3. 존경어, 겸양어와 문체
4. ～まして
5. ～ますので

제50과 ·· 152

Ⅰ. 어휘
Ⅱ. 번역
 문형과 예문
 회화
  진심으로 감사 드립니다
Ⅲ. 참고 어휘와 정보
  봉투・엽서의 받는 사람 쓰는 법

Ⅳ. 문법 해설
 1. 謙譲語Ⅰ (겸양어Ⅰ-동사)
 2. 謙譲語Ⅱ (겸양어Ⅱ-동사)

『みんなの日本語 初級 I 第2版』의 문법 해설, 참고 어휘와 정보

제1과
1. N₁は N₂です
2. N₁は N₂じゃ(では) ありません
3. N₁は N₂ですか
4. N も
5. N₁の N₂
6. ～さん
참고 어휘와 정보
　나라, 사람, 언어

제2과
1. これ／それ／あれ
2. この N／その N／あの N
3. そうです
4. ～か、～か
5. N₁の N₂
6. 명사를 대신하는「の」
7. お～
8. そうですか
참고 어휘와 정보
　이름

제3과
1. ここ／そこ／あそこ／こちら／
　そちら／あちら
2. Nは 장소です
3. どこ／どちら
4. N₁の N₂
5. こ／そ／あ／ど(지시사)일람표
6. お～
참고 어휘와 정보
　백화점

제4과
1. 今 －時－分です
2. Vます／Vません／
　Vました／Vませんでした
3. N(시간)に V
4. N₁から N₂まで
5. N₁と N₂
6. ～ね
참고 어휘와 정보
　전화, 편지

제5과
1. N(장소)へ 行きます／来ます／
　帰ります
2. どこ[へ]も 行きません／
　行きませんでした
3. N(탈것)で 行きます／
　来ます／帰ります
4. N(사람/동물)と V
5. いつ
6. ～よ
7. そうですね
참고 어휘와 정보
　경축일

제6과
1. Nを V(타동사)
2. Nを します
3. 何を しますか
4. なんと なに
5. N(장소)で V
6. Vませんか
7. Vましょう
8. ～か
참고 어휘와 정보
　음식

제7과
1. N(도구/수단)で V
2. '단어/S'は 〜語で 何ですか
3. N₁(사람)に N₂を あげます 등
4. N₁(사람)に N₂を もらいます 등
5. もう Vました
6. 조사의 생략

참고 어휘와 정보
　가족

제8과
1. 형용사
2. Nは な-adj[な]です
　 Nは い-adj(〜い)です
3. な-adjな N
　 い-adj(〜い) N
4. 〜が、〜
5. とても／あまり
6. Nは どうですか
7. N₁は どんな N₂ですか
8. そうですね

참고 어휘와 정보
　색, 맛

제9과
1. Nが あります／わかります
　 Nが 好きです／嫌いです／
　 上手です／下手です
2. どんな N
3. よく／だいたい／たくさん／少し／
　 あまり／全然
4. 〜から、〜
5. どうして

참고 어휘와 정보
　음악, 스포츠, 영화

제10과
1. Nが あります／います
2. 장소に Nが あります／います
3. Nは 장소に あります／います
4. N₁(사물/사람/장소)の N₂(위치)
5. N₁や N₂
6. アジアストアですか

참고 어휘와 정보
　집 안

제11과
1. 수량을 말하는 법
2. 수량사 사용법
3. 수량사(기간)に 一回 V
4. 수량사だけ／Nだけ

참고 어휘와 정보
　메뉴

제12과
1. 명사문·な형용사문의 시제, 긍정·부정
2. い형용사문의 시제, 긍정·부정
3. N₁は N₂より adjです
4. N₁と N₂と どちらが adjですか
　 ……N₁／N₂の ほうが adjです
5. N₁[の 中]で 何／どこ／だれ／
　 いつ が いちばん adjですか
　 ……N₂が いちばん adjです
6. adjの(명사를 대신하는「の」)

참고 어휘와 정보
　축제와 명승지

제 13 과
1. Nが 欲しいです
2. Vます形たいです
3. V(장소)へ $\begin{Bmatrix} Vます形 \\ N \end{Bmatrix}$ に 行きます／来ます／帰ります
4. どこか／何か
5. ご～

참고 어휘와 정보
　시가지

제 14 과
1. 동사의 그룹
2. Vて形
3. Vて形 ください
4. Vて形 います
5. Vます形ましょうか
6. Nが V
7. すみませんが

참고 어휘와 정보
　역

제 15 과
1. Vて形も いいですか
2. Vて形は いけません
3. Vて形 います
4. Nに V
5. N₁に N₂を V

참고 어휘와 정보
　직업

제 16 과
1. 2개 이상의 문장을 연결하는 법
2. V₁て形から、V₂
3. N₁は N₂が adj
4. Nを V
5. どうやって
6. どれ／どの N

참고 어휘와 정보
　현금 자동 입출금기 사용법

제 17 과
1. Vない形
2. Vない形ないで ください
3. Vない形なければ なりません
4. Vない形なくても いいです
5. 목적어의 주제화
6. N(시간)までに V

참고 어휘와 정보
　몸, 질환

제 18 과
1. 동사 사전형
2. $\begin{Bmatrix} N \\ V 사전형 こと \end{Bmatrix}$ が できます
3. わたしの 趣味は $\begin{Bmatrix} N \\ V 사전형 こと \end{Bmatrix}$ です
4. $\begin{Bmatrix} V_1 사전형 \\ Nの \\ 수량사(기간) \end{Bmatrix}$ まえに、V₂
5. なかなか
6. ぜひ

참고 어휘와 정보
　동작

제 19 과
1. Vた形
2. Vた形 ことが あります
3. V₁た形り、V₂た形り します
4. $\begin{Bmatrix} い\text{-adj}(\sim い) \to \sim く \\ な\text{-adj}[な] \to \sim に \\ Nに \end{Bmatrix}$ なります

참고 어휘와 정보
　전통문화, 오락

제 20과
1. 정중체과 보통체
2. 정중체과 보통체의 사용 구별법
3. 보통체 회화

참고 어휘와 정보
　호칭

제 21과
1. 보통형と思います
2. S ／보통형 }と言います
3. V／い-adj 보통형／な-adj 보통형／N ～だ }でしょう?
4. N₁(장소)でN₂があります
5. N(장면)で
6. NでもV
7. Vない형ないと……

참고 어휘와 정보
　직무명

제 22과
1. 명사 수식절
2. V사전형
　時間／約束／用事
3. Vます형ましょうか

참고 어휘와 정보
　의복

제 23과
1. V사전형／Vない형ない／い-adj(～い)／な-adjな／Nの }とき、～(주절)
2. V사전형／Vた형 }とき、～(주절)
3. V사전형と、～(주절)
4. Nが adj
5. Nを 이동V

참고 어휘와 정보
　도로, 교통

제 24과
1. くれます
2. Vて형 {あげます／もらいます／くれます
3. N₁はN₂がV

참고 어휘와 정보
　선물을 주는 관습

제 25과
1. 보통형 과거ら、～(주절)
2. Vた형ら、～(주절)
3. Vて형／Vない형なくて／い-adj(～い)→～くて／な-adj[な]→～で／Nで }も、～(주절)
4. もし
5. 종속절 안의 주어

참고 어휘와 정보
　사람의 일생

학습 용어

第一課 (だいか)	제일과	名詞 (めいし)	명사
文型 (ぶんけい)	문형	動詞 (どうし)	동사
例文 (れいぶん)	예문	自動詞 (じどうし)	자동사
会話 (かいわ)	회화	他動詞 (たどうし)	타동사
練習 (れんしゅう)	연습	形容詞 (けいようし)	형용사
問題 (もんだい)	문제	い形容詞 (いけいようし)	い형용사
答え (こたえ)	정답	な形容詞 (なけいようし)	な형용사
読み物 (よみもの)	읽을거리	助詞 (じょし)	조사
復習 (ふくしゅう)	복습	副詞 (ふくし)	부사
		接続詞 (せつぞくし)	접속사
目次 (もくじ)	차례	数詞 (すうし)	수사
		助数詞 (じょすうし)	조수사
索引 (さくいん)	색인	疑問詞 (ぎもんし)	의문사
文法 (ぶんぽう)	문법	名詞文 (めいしぶん)	명사문
文 (ぶん)	문장	動詞文 (どうしぶん)	동사문
		形容詞文 (けいようしぶん)	형용사문
単語(語) (たんご(ご))	단어		
句 (く)	구	主語 (しゅご)	주어
節 (せつ)	절	述語 (じゅつご)	술어
		目的語 (もくてきご)	목적어
発音 (はつおん)	발음	主題 (しゅだい)	주제
母音 (ぼいん)	모음		
子音 (しいん)	자음	肯定 (こうてい)	긍정
拍 (はく)	박	否定 (ひてい)	부정
アクセント	악센트	完了 (かんりょう)	완료
イントネーション	억양	未完了 (みかんりょう)	미완료
		過去 (かこ)	과거
[か]行 (ぎょう)	[か]행	非過去 (ひかこ)	비과거
[い]列 (れつ)	[い]단		
		可能 (かのう)	가능
丁寧体 (ていねいたい)	정중체	意向 (いこう)	의향
普通体 (ふつうたい)	보통체	命令 (めいれい)	명령
活用 (かつよう)	활용	禁止 (きんし)	금지
フォーム	폼(form)	条件 (じょうけん)	조건
～形 (けい)	～형	受身 (うけみ)	수동
修飾 (しゅうしょく)	수식	使役 (しえき)	사역
例外 (れいがい)	예외	尊敬 (そんけい)	존경
		謙譲 (けんじょう)	겸양

일러두기

1. 'Ⅰ. 어휘'에서 사용하는 기호 등

① ～에는 단어나 구가 들어간다.
예: ～から 来ました。 ～에서 왔습니다.

② －에는 숫자가 들어간다.
예: －歳 － 살, －세

③ 생략할 수 있는 어구는 [   ] 안에 넣어 표시하였다.
예: どうぞ よろしく [お願いします]。 아무쪼록 잘 부탁합니다.

④ 다른 표현이 가능한 경우에는 (   ) 안에 넣어 표시하였다.
예: だれ(どなた) 누구(어느 분)

⑤ ＊가 붙은 단어는 그 과에 나오지 않으나 관련어로 제시한 것이다.

⑥ 〈会話〉(회화)는 회화에 나오는 어휘와 표현을 표시한 것이다.

⑦ 〈読み物〉는 읽을거리에 나오는 어휘와 표현을 표시한 것이다.

⑧ ※는 고유명사임을 나타낸다.

2. 'Ⅳ. 문법 해설'에서 사용하는 약어

N	명사(名詞)	예: がくせい(학생) つくえ(책상)
い-adj	い형용사(い形容詞)	예: おいしい(맛있다) たかい(비싸다, 높다)
な-adj	な형용사(な形容詞)	예: きれい[な](예쁘다, 곱다, 깨끗하다) しずか[な](조용하다)
V	동사(動詞)	예: かきます(씁니다) たべます(먹습니다)
S	문장(文)	예: これは 本です。(이것은 책입니다.) わたしは あした 東京へ 行きます。 (저는 내일 도쿄에 갑니다.)

제 26 과

I. 어휘

みますⅡ	見ます、診ます	봅니다
さがしますⅠ	探します、捜します	찾습니다
おくれますⅡ [じかんに～]	遅れます [時間に～]	늦습니다 [시간에 ～]
まに あいますⅠ [じかんに～]	間に 合います [時間に～]	맞습니다, 늦지 않습니다 [시간에 ～]
やりますⅠ		합니다
ひろいますⅠ	拾います	줍습니다
れんらくしますⅢ	連絡します	연락합니다
きぶんが いい*	気分が いい	기분이 좋다
きぶんが わるい	気分が 悪い	속이 안 좋다, 기분이 나쁘다
うんどうかい	運動会	운동회
ぼんおどり	盆踊り	본오도리 춤
フリーマーケット		벼룩시장
ばしょ	場所	장소, 위치
ボランティア		자원봉사
さいふ	財布	지갑
ごみ		쓰레기
こっかいぎじどう	国会議事堂	국회 의사당
へいじつ	平日	평일
～べん	～弁	～ 사투리
こんど	今度	이번
ずいぶん		매우
ちょくせつ	直接	직접
いつでも		언제든지
どこでも*		어디든지, 어디서든지
だれでも*		누구든지
なんでも*	何でも	무엇이든지
こんな ～*		이런 ～
そんな ～		그런 ～ (청자에게서 가까움)
あんな ～*		저런 ～ (화자와 청자 모두에게서 떨어져 있음)
※エドヤストア		실제로 존재하지 않는 가게

〈会話〉
片づきますⅠ［荷物が〜］　　　　　　정리됩니다［짐이 〜］
出しますⅠ［ごみを〜］　　　　　　　내놓습니다［쓰레기를 〜］
燃える ごみ　　　　　　　　　　　　가연성 쓰레기
置き場　　　　　　　　　　　　　　 쓰레기 수거장
横　　　　　　　　　　　　　　　　 옆
瓶　　　　　　　　　　　　　　　　 병
缶　　　　　　　　　　　　　　　　 깡통, 캔
ガス　　　　　　　　　　　　　　　 가스
〜会社　　　　　　　　　　　　　　 〜 회사

〈読み物〉
宇宙　　　　　　　　　　　　　　　 우주
〜様　　　　　　　　　　　　　　　 〜님（「〜さん」의 존경어）
宇宙船　　　　　　　　　　　　　　 우주선
怖い　　　　　　　　　　　　　　　 무섭다
宇宙ステーション　　　　　　　　　　우주 정거장
違いますⅠ　　　　　　　　　　　　 다릅니다
宇宙飛行士　　　　　　　　　　　　 우주 비행사

※星出彰彦　　　　　　　　　　　　 일본의 우주 비행사 (1968−)

II. 번역

문형
1. 내일부터 여행을 합니다.
2. 꽃꽂이를 배우고 싶은데, 좋은 선생님을 소개해 주시지 않겠습니까?

예문
1. 와타나베 씨는 가끔 오사카 사투리를 사용하시네요.
   오사카에 살았습니까?
   ……네, 열다섯 살까지 오사카에 살았습니다.
2. 디자인이 특이한 신발이군요. 어디서 샀습니까?
   ……에도야 스토어에서 샀습니다. 스페인의 신발입니다.
3. 왜 늦었습니까?
   ……버스가 오지 않았습니다.
4. 가라오케에 자주 갑니까?
   ……아니요, 별로 가지 않습니다. 가라오케는 좋아하지 않습니다.
5. 일본어로 리포트를 썼는데 좀 보아 주시지 않겠습니까?
   ……좋습니다.
6. 국회 의사당을 견학하고 싶은데 어떻게 하면 됩니까?
   ……직접 가면 됩니다. 평일에는 언제든지 볼 수 있습니다.

회화

쓰레기는 어디다 내놓으면 됩니까?

관리인 : 밀러 씨, 이삿짐은 다 정리했습니까?
밀러 : 네, 거의 다 정리했습니다.
　　　저, 쓰레기를 버리고 싶은데 어디다 내놓으면 됩니까?
관리인 : 가연성 쓰레기는 월요일과 목요일 아침에 내놓으십시오.
　　　쓰레기 수거장은 주차장 옆입니다.
밀러 : 병과 깡통은 언제 냅니까?
관리인 : 토요일입니다.
밀러 : 알겠습니다. 그리고 더운물이 나오지 않는데요…
관리인 : 가스 회사에 연락하면 곧 와 줍니다.
밀러 : 미안하지만 전화번호를 가르쳐 주시지 않겠습니까?
관리인 : 네, 좋습니다.

III. 참고 어휘와 정보

ごみの出し方　쓰레기 내놓는 방법

쓰레기를 줄이고 재활용을 촉진하기 위하여 가정 쓰레기는 정해진 종류로 분류되어서 각각 다른 요일에 수거된다. 쓰레기를 내놓는 장소, 수거일은 지역에 따라서 다른데, 일반적으로 다음과 같이 구분된다.

ごみ収集日のお知らせ
쓰레기 수거일 안내

可燃ごみ（燃えるごみ）
가연성 쓰레기
生ごみ、紙くずなど
음식물 쓰레기, 종이 등

収集日：月曜日・木曜日
수거일：월요일, 목요일

不燃ごみ（燃えないごみ）
불연성 쓰레기
ガラス製品、瀬戸物、金属製台所用品など
유리 제품, 도자기, 금속제 주방 용품 등

収集日：水曜日
수거일：수요일

資源ごみ
재활용 쓰레기
缶、瓶、ペットボトルなど
깡통, 병, 페트병 등

収集日：第2、第4火曜日
수거일：둘째, 넷째 화요일

粗大ごみ
대형 쓰레기
家具、自転車など
가구, 자전거 등

事前申し込み
사전 신청

IV. 문법 해설

1.
```
V      ⎫
い-adj  ⎬ 보통형  ⎫
な-adj  ⎬ 보통형  ⎬ んです
       ⎭ ~だ→~な ⎭
N      ⎭
```

「~んです」는 구어체에서 사용되며, 문어체에서는 「~のです」가 된다.
「~んです」는 다음과 같이 사용된다.

1) ~んですか
   (1) 화자가 보거나 들은 일에 대하여 확인하거나 설명을 구할 때
   ① (ぬれた 傘を 持って いる 人を 見て) 雨が 降って いるんですか。
      (젖은 우산을 들고 있는 사람을 보고) 비가 오고 있습니까?
   (2) 화자가 보거나 들은 일에 대하여 더 자세한 설명을 구할 때
   ② おもしろい デザインの 靴ですね。どこで 買ったんですか。
      디자인이 재미있는 신발이군요. 어디서 샀습니까?
   (3) 화자가 보거나 들은 일에 대하여 그 이유에 대한 설명을 구할 때
   ③ どうして 遅れたんですか。   왜 늦었습니까?
   (4) 사태에 대한 설명을 구할 때
   ④ どう したんですか。   어떻게 됐습니까?

   [주] 「~んですか」를 부적절한 장면에서 사용하면 청자에게 불쾌감을 줄 수 있으므로 주의가 필요하다.

2) ~んです
   (1) 상기 1)의 (3)이나 (4)의 「~んですか」를 사용한 문장에 대답하여 이유를 말할 때
   ⑤ どうして 遅れたんですか。   왜 늦었습니까?
      ……バスが 来なかったんです。   ……버스가 오지 않았습니다.
   ⑥ どう したんですか。   어떻게 됐습니까?
      ……ちょっと 気分が 悪いんです。   ……속이 좀 안 좋습니다.
   (2) 화자가 자신의 말에 이유를 추가할 때
   ⑦ よく カラオケに 行きますか。
      ……いいえ、あまり 行きません。カラオケは 好きじゃ ないんです。
      가라오케에 자주 갑니까?
      ……아니요, 별로 가지 않습니다. 가라오케는 좋아하지 않습니다.

   [주] 이유를 말하는 것이 아니라 단순히 사실을 말할 때는 「~んです」는 사용하지 않는다.
   　　×わたしは マイク・ミラーなんです。

3) ～んですが、～

「～んですが」에는 이야기를 꺼내는 기능이 있다. 그 뒤에는 의뢰, 권유, 허가 요청 등의 표현이 온다. 이 「が」는 가벼운 전제를 나타낸다(제 14과 참조). ⑩처럼 「～んですが」 뒤에 오는 내용이 분명한 경우에는 생략되는 일이 있다.

⑧ 頭が 痛いんですが、帰っても いいですか。
　　머리가 아픈데 집에 가도 됩니까?

⑨ 来週 友達と スキーに 行くんですが、ミラーさんも いっしょに 行きませんか。
　　다음주에 친구와 스키를 타러 가는데, 밀러 씨도 같이 가지 않겠습니까?

⑩ お湯が 出ないんですが……。
　　더운물이 나오지 않는데요…

2. **V て형 いただけませんか**　～어 주시지 않겠습니까?

「～て ください」보다 정중한 의뢰 표현이다.

⑪ いい 先生を 紹介して いただけませんか。
　　좋은 선생님을 소개해 주시지 않겠습니까?

3. **의문사 V た형ら いいですか**　～면 됩니까?

조언이나 지시를 구하는 표현이다.

⑫ どこで カメラを 買ったら いいですか。
　　……ABC ストアが 安いですよ。
　　어디서 카메라를 사면 됩니까?
　　……ABC 스토어가 쌉니다.

⑬ 国会議事堂を 見学したいんですが、どう したら いいですか。
　　……直接 行ったら いいですよ。
　　국회 의사당을 견학하고 싶은데, 어떻게 하면 됩니까?
　　……직접 가면 됩니다.

⑬의 대답처럼 「V た형ら いいですよ」라는 표현으로 상대에게 조언하거나 권유할 수 있다.

4. N(대상)は { 好きです/嫌いです 上手です/下手です あります 기타 }　～는 { 좋아합니다 / 싫어합니다 잘합니다 / 서투릅니다 있습니다 기타 }

⑭ よく カラオケに 行きますか。
　　……いいえ、あまり 行きません。カラオケは 好きじゃ ないんです。
　　가라오케에 자주 갑니까?
　　……아니요, 별로 가지 않습니다. 가라오케는 좋아하지 않습니다.

초급 Ⅰ에서는 「を」가 붙은 직접목적어를 주제화하는 방법을 배웠다(제 17과). ⑭처럼 「すきです」 등의 대상이 되는 「が」로 표시되는 명사도 주제화할 수 있다.

제 27 과

I. 어휘

かいますⅠ	飼います	키웁니다, 기릅니다
はしりますⅠ 　[みちを〜]	走ります 　[道を〜]	달립니다 [길을 〜]
みえますⅡ 　[やまが〜]	見えます 　[山が〜]	보입니다 [산이 〜]
きこえますⅡ 　[おとが〜]	聞こえます 　[音が〜]	들립니다 [소리가 〜]
できますⅡ 　[みちが〜]	 　[道が〜]	생깁니다 [길이 〜], 만들어집니다
ひらきますⅠ 　[きょうしつを〜]	開きます 　[教室を〜]	엽니다 [교실을 〜]
しんぱい[な]	心配[な]	걱정스럽다
ペット		애완동물
とり	鳥	새
こえ	声	소리, 목소리
なみ	波	파도
はなび	花火	불꽃놀이
どうぐ	道具	도구
クリーニング		세탁
いえ	家	집
マンション		아파트
キッチン		주방
〜きょうしつ	〜教室	〜교실
パーティールーム		파티룸
かた	方	분 (「ひと」의 존경어)
〜ご	〜後	〜 후 (시간의 표현)
〜しか		〜밖에 (부정어와 같이 사용됨)
ほかの		다른
はっきり		또렷이

〈会話〉

家具(かぐ)	가구
本棚(ほんだな)	책꽂이
いつか	언젠가
建(た)てますⅡ	짓습니다
すばらしい	멋지다, 훌륭하다

〈読(よ)み物(もの)〉

子(こ)どもたち	아이들
大好(だいす)き[な]	매우 좋아하다
主人公(しゅじんこう)	주인공
形(かたち)	모양, 형태
不思議(ふしぎ)[な]	이상하다, 불가사의하다
ポケット	주머니
例(たと)えば	예를 들어
付(つ)けますⅡ	붙입니다
自由(じゆう)に	자유롭게
空(そら)	하늘
飛(と)びますⅠ	납니다
昔(むかし)	옛날
自分(じぶん)	자신
将来(しょうらい)	장래
※ドラえもん	만화 등장인물의 이름

II. 번역

문형
1. 저는 일본어를 조금 말할 수 있습니다.
2. 산이 또렷이 보입니다.
3. 역 앞에 큰 슈퍼마켓이 생겼습니다.

예문
1. 일본어 신문을 읽을 수 있습니까?
   ……아니요, 읽을 수 없습니다.
2. 새 소리가 들리네요.
   ……네. 이제 봄이군요.
3. 호류지는 언제 만들어졌습니까?
   ……607년에 만들어졌습니다.
4. 파워 전기에서는 며칠 정도 여름 휴가를 줍니까?
   ……글쎄요. 3주일 정도입니다.
   좋군요. 저희 회사는 1주일밖에 쉴 수 없습니다.
5. 이 아파트에서 애완동물을 키울 수 있습니까?
   ……작은 새나 물고기는 키울 수 있지만, 개나 고양이는 키울 수 없습니다.

회화

무엇이든지 만들 수 있군요

밀러 : 방이 밝고 좋군요.
스즈키 : 네. 날씨가 좋은 날에는 바다가 보입니다.
밀러 : 이 테이블은 디자인이 재미있군요. 어디서 샀습니까?
스즈키 : 이것은 제가 만든 것입니다.
밀러 : 네? 정말입니까?
스즈키 : 네. 취미는 직접 가구를 만드는 것입니다.
밀러 : 와. 그럼 저 책꽂이도 만든 겁니까?
스즈키 : 네.
밀러 : 대단하군요. 스즈키 씨, 무엇이든지 만들 수 있군요.
스즈키 : 제 꿈은 언젠가 직접 집을 짓는 것입니다.
밀러 : 멋진 꿈이군요.

III. 참고 어휘와 정보

近くの店　동네 가게들

靴・かばん修理、合いかぎ
구두·가방 수선, 열쇠 복사

ヒール・かかと修理	힐·뒤축 수선
つま先修理	구두 앞코 수선
中敷き交換	깔창 교체
クリーニング	세탁
ファスナー交換	지퍼 교체
ハンドル・持ち手交換	손잡이 교체
ほつれ・縫い目の修理	뜯어진 부위, 솔기 수선
合いかぎ	열쇠 복제

クリーニング屋　세탁소

ドライクリーニング	드라이클리닝
水洗い	물세탁
染み抜き	얼룩 제거
はっ水加工	발수 가공
サイズ直し	사이즈 변경
縮む	줄어들다
伸びる	늘어나다

コンビニ　편의점

宅配便の受け付け	택배 접수
ATM	ATM(현금 자동 입출금기)
公共料金等の支払い	공공요금 등의 지불
コピー、ファクス	복사, 팩스
はがき・切手の販売	엽서, 우표 판매
コンサートチケットの販売	콘서트 티켓 판매

17

IV. 문법 해설

1. 가능동사

가능을 나타내는 형식으로 초급 I 제18과에서는 「N/V 사전형＋ことが できます」를 학습했다. 여기서는 또 하나의 형식으로서 가능동사를 학습한다.

		가능동사	
		정중형	보통형
I	かきます	かけます	かける
	かいます	かえます	かえる
II	たべます	たべられます	たべられる
III	きます	こられます	こられる
	します	できます	できる

(주교재(本冊) 제27과 연습 A1 참조)

가능동사는 II 그룹 동사로서 활용한다.
예: かえます　かえる　かえ(ない)　かえて
또한 「わかります」는 가능의 뜻을 지니므로 「わかれます」라는 형태는 없다.

2. 가능동사가 사용되는 문장

1) 가능동사는 동작이 아니라 상태를 나타낸다. 타동사의 목적어는 조사 「を」로 표시하지만, 가능동사의 대상은 원칙적으로 「が」로 표시한다.

① わたしは 日本語を 話します。　　　저는 일본어를 말합니다.
② わたしは 日本語が 話せます。　　　저는 일본어를 말할 수 있습니다.

「を」이외의 조사는 바뀌지 않는다.

③ 一人で 病院へ 行けますか。　　　혼자서 병원에 갈 수 있습니까?
④ 田中さんに 会えませんでした。　　　다나카 씨를 만날 수 없었습니다.

2) 가능동사에는 동작주의 능력을 나타내는 용법(⑤)과 어떤 상황에서 그 행위가 가능함을 나타내는 용법(⑥)이 있다.

⑤ ミラーさんは 漢字が 読めます。　　　밀러 씨는 한자를 읽을 수 있습니다.
⑥ この 銀行で ドルが 換えられます。
　　　이 은행에서 달러를 환전할 수 있습니다.

3. 見えます와 聞こえます

「みえます」「きこえます」는 의식적으로가 아니라 어떤 대상물이 자연히 시야에 들어오거나 소리가 자연히 귀에 들리는 것을 나타낸다. 그 대상은 「が」로 표시한다. 「みえます」「きこえます」는 의식적으로 주의를 기울일 때는 사용할 수 없으며, 그 경우에는 가능동사를 사용한다.

⑦ 新幹線から 富士山が 見えます。　　　신칸센에서 후지산이 보입니다.
⑧ ラジオの 音が 聞こえます。　　　라디오 소리가 들립니다.

⑨ 新宿で 今 黒沢の 映画が 見られます。
　　신주쿠에서 지금 구로사와 영화를 볼 수 있습니다.
⑩ 電話で 天気予報が 聞けます。
　　전화로 일기 예보를 들을 수 있습니다.

4. できます

여기서 학습하는 동사 「できます」는 '생기다', '완성되다', '마무리되다', '만들어지다'와 같은 뜻이다.

⑪ 駅の 前に 大きい スーパーが できました。
　　역 앞에 큰 슈퍼마켓이 생겼습니다.
⑫ 時計の 修理は いつ できますか。
　　시계 수리는 언제 끝납니까?

5. しか

「しか」는 명사나 수량사에 붙고, 항상 부정어를 동반한다. 「しか」가 붙은 단어를 두드러지게 하고, 그 외의 모든 것을 부정한다. 「が」나 「を」가 붙은 명사에 붙을 때는 「が」「を」가 삭제된다. 그 외의 조사가 붙은 명사의 경우 그 조사 뒤에 붙는다. 「しか」에는 충분치 않다는 뉘앙스가 있다.

⑬ ローマ字しか 書けません。　　　　　　　로마자밖에 쓸 수 없습니다.
⑭ ローマ字だけ 書けます。　　　　　　　　로마자만 쓸 수 있습니다.

6. Nは(대비)

「は」는 주제를 나타내는 기능 외에 대비를 나타내는 기능을 지닌다.

⑮ ワインは 飲みますが、ビールは 飲みません。
　　와인은 마시지만 맥주는 마시지 않습니다.
⑯ きのうは 山が 見えましたが、きょうは 見えません。
　　어제는 산이 보였지만 오늘은 보이지 않습니다.

7. 조사가 붙은 말을 강조하는 「は」

초급 Ⅰ 칼럼 1(p.160)에서 설명한 것처럼 「は」가 「が」나 「を」가 붙은 명사에 붙을 때는 「が」「を」가 삭제되는데, 그 외의 조사인 경우에는 그 조사 뒤에 붙는다.

⑰ 日本では 馬を 見る ことが できません。
　　일본에서는 말을 볼 수 없습니다. (제18과)
⑱ 天気の いい 日には 海が 見えるんです。
　　날씨가 좋은 날에는 바다가 보입니다.
⑲ ここからは 東京スカイツリーが 見えません。
　　여기서는 도쿄 스카이트리가 보이지 않습니다.

제 28 과

I. 어휘

うれますⅡ [パンが～]	売れます	팔립니다 [빵이 ～]
おどりますⅠ	踊ります	춤춥니다
かみますⅠ		씹습니다, 뭅니다
えらびますⅠ	選びます	선택합니다
かよいますⅠ [だいがくに～]	通います [大学に～]	다닙니다 [대학에 ～]
メモしますⅢ		메모합니다
まじめ[な]		성실하다
ねっしん[な]	熱心[な]	열심이다, 열정적이다
えらい	偉い	대단하다, 훌륭하다
ちょうど いい		꼭 맞다
けしき	景色	경치
びよういん	美容院	미용실
だいどころ	台所	주방, 부엌
けいけん	経験	경험 (～が あります: 경험이 있습니다, ～を します: 경험을 합니다)
ちから	力	힘
にんき	人気	인기 ([がくせいに] ～が あります: [학생에게] 인기가 있습니다)
かたち	形	모양
いろ	色	색깔
あじ	味	맛
ガム		껌
しなもの	品物	물품
ねだん	値段	값
きゅうりょう	給料	급료, 봉급
ボーナス		보너스
ゲーム		게임
ばんぐみ	番組	프로, 프로그램
ドラマ		드라마
かしゅ	歌手	가수
しょうせつ	小説	소설
しょうせつか	小説家	소설가
～か	～家	～가 (학문이나 예능에 종사하는 사람을 나타내는 접미사)
～き	～機	～기 (기계를 나타내는 접미사)

むすこ	息子	(나의) 아들
むすこさん*	息子さん	(타인의) 아들
むすめ	娘	(나의) 딸
むすめさん*	娘さん	(타인의) 딸
じぶん	自分	자신
しょうらい	将来	장래, 장차
しばらく		잠깐
たいてい		대개
それに		게다가
それで		그래서

〈会話〉

[ちょっと]お願いがあるんですが。	부탁이 [좀] 있는데요.
実は	실은
会話	회화
うーん	음

〈読み物〉

お知らせ	안내, 알림
参加しますⅢ	참가합니다
日にち	날짜
土	토요일
体育館	체육관
無料	무료
誘いますⅠ	권유합니다
イベント	이벤트

II. 번역

문형
1. 음악을 들으면서 식사합니다.
2. 매일 아침에 조깅을 하고 있습니다.
3. 지하철은 빠르고 싸니까 지하철로 갑시다.

예문
1. 졸릴 때 껌을 씹으면서 운전합니다.
  ······그렇습니까? 저는 차를 세우고 잠깐 잡니다.
2. 음악을 들으면서 공부합니까?
  ······아니요. 공부할 때는 음악을 듣지 않습니다.
3. 그 사람은 일하면서 대학에서 공부하고 있습니다.
  ······그렇습니까? 대단하군요.
4. 휴일에는 항상 무엇을 합니까?
  ······글쎄요. 대개 그림을 그립니다.
5. 와트 선생님은 열정적이고 재미있고 게다가 경험도 있습니다.
  ······좋은 선생님이군요.
6. 이 초밥집에 자주 옵니까?
  ······네. 여기는 값도 싸고 생선도 싱싱하니까 자주 먹으러 옵니다.
7. 왜 후지 대학을 선택했습니까?
  ······후지 대학은 유명하고 좋은 선생님도 많고 기숙사도 있으니까요.

회화

출장도 많고 시험도 있고...

오가와 사치코 : 밀러 씨, 부탁이 좀 있는데요.
밀러 : 무엇입니까?
오가와 사치코 : 실은 8월에 호주에 홈스테이하러 갑니다.
밀러 : 홈스테이요? 좋겠군요.
오가와 사치코 : 네. 그래서 지금 친구와 같이 영어를 공부하고 있는데요...
밀러 : 네.
오가와 사치코 : 좀처럼 늘지 않습니다. 선생님도 없고 영어로 말할 기회도 없고... 밀러 씨, 회화 선생님이 되어 주시지 않겠습니까?
밀러 : 네? 선생요? 글쎄요, 일이 좀...
오가와 사치코 : 시간이 있으실 때 차라도 마시면서...
밀러 : 음, 출장도 많고 곧 일본어 시험도 있고...
오가와 사치코 : 그렇습니까?
밀러 : 미안합니다.

III. 참고 어휘와 정보

うちを借りる　집을 빌리다

주택 정보 보는 법

① 전철 노선명
② 가장 가까운 역명
③ 도보 5분
④ 아파트
　※アパート　　　다가구 주택
　　一戸建て　　　단독 주택
⑤ 준공 후 3년
⑥ 월세
⑦ 보증금
　※집을 빌릴 때 집주인에게 맡기는 돈. 이사 나갈 때 일부를 돌려줌.
⑧ 사례금
　※집을 빌릴 때 그 이용 대가로 집주인에게 지불하는 돈.
⑨ 관리비
⑩ 남향
⑪ 10층 건물의 8층
⑫ 방 두 개와 주방 식당 겸용 거실
⑬ 다다미 6조(=6畳)
　※「畳」는 방 크기를 나타내는 단위.「1畳」는 다다미 한 장 크기임.
　　(약 180×90cm)
⑭ 부동산 중개업자명

IV. 문법 해설

1. V_1 ます형ながら V_2

이 문형은 같은 동작주가 동작$_2$를 할 때 동시에 다른 동작$_1$을 함을 나타낸다. V_2가 주된 동작을 나타낸다.

① 音楽を 聞きながら 食事します。
　음악을 들으면서 식사합니다.

②와 같이 어떤 기간 동안 두 개 동작을 계속하는 경우에도 사용된다.

② 働きながら 日本語を 勉強して います。
　일하면서 일본어를 공부하고 있습니다.

2. Vて형 います

이 문형은 습관적으로 반복하는 행위를 나타낼 때도 사용된다. 그 행위가 화자의 발화 시점보다 더 과거에 이루어졌을 때는 「Vて형 いました」가 된다.

③ 毎朝 ジョギングを して います。
　매일 아침에 조깅을 하고 있습니다.

④ 子どもの とき、毎晩 8時に 寝て いました。
　어렸을 때 매일 저녁 8시에 잤습니다.

3. 보통형し、보통형し、～

1) 이 문형은 주제에 대해서 두 개 이상의 비슷한 사항을 열거하는 경우에 사용된다. 예를 들어 ⑤와 같이 열거하는 사항이 모두 장점인 경우가 이에 해당된다.

⑤ 鈴木さんは ピアノも 弾けるし、歌も 歌えるし、ダンスも できます。
　스즈키 씨는 피아노도 칠 수 있고 노래도 부를 수 있고 춤도 출 수 있습니다.

또한 이 문형은 한 가지 사항뿐만 아니라 또 다른 사항을 추가한다는 화자의 의도가 담겨 있으므로 종종 「も」가 사용된다. 이 뜻을 더 명확하게 하기 위해서 ⑥과 같이 「それに」를 사용하는 일도 있다.

⑥ 田中さんは まじめだし、中国語も 上手だし、それに 経験も あります。
　다나카 씨는 성실하고 중국어도 잘하고, 게다가 경험도 있습니다.

2) 이 문형에는 「～し、～し」가 그 뒤에 오는 내용의 이유를 나타내는 용법도 있다.

⑦ ここは 値段も 安いし、魚も 新しいし、よく 食べに 来ます。
　여기는 값도 싸고 생선도 싱싱하니까 자주 먹으러 옵니다.

이 경우 귀결문이 분명할 때는 생략하고 이유만 말하는 일도 있다.

⑧ どうして この 店へ 来るんですか。
　……ここは 値段も 安いし、魚も 新しいし……。
　왜 이 가게에 옵니까?
　……여기는 값도 싸고 생선도 싱싱하니까…

문장 끝의 「し」 대신에 이유를 나타내는 「から」를 사용하는 일도 있다.

⑨　どうして 日本の アニメが 好きなんですか。
　　……話も おもしろいし、音楽も すてきですから。
　왜 일본 애니메이션을 좋아합니까?
　……이야기도 재미있고, 음악도 멋지니까요.

4. 　それで

「それで」는 앞서 말한 사항을 이유로 삼고 거기서 도출되는 결과를 말할 때 사용한다.

⑩　将来 小説家に なりたいです。それで 今は アルバイトを しながら 小説を 書いて います。
　장차 소설가가 되고 싶습니다. 그래서 지금은 아르바이트를 하면서 소설을 쓰고 있습니다.

⑪　ここは コーヒーも おいしいし、食事も できるし……。
　……それで 人気が あるんですね。
　여기는 커피도 맛있고, 식사도 할 수 있고…
　……그래서 인기가 있군요.

5. 　～とき+조사

제 23과에서 학습한 「とき」는 명사이므로, 뒤에 조사를 붙여서 사용할 수 있다.

⑫　勉強する ときは、音楽を 聞きません。
　공부할 때는 음악을 듣지 않습니다.

⑬　疲れた ときや 寂しい とき、よく 田舎の 青い 空を 思い出す。
　피곤할 때나 외로울 때 자주 시골의 푸른 하늘이 생각난다. (제 31 과)

제 29 과

I. 어휘

あきますI [ドアが〜]	開きます	열립니다 [문이 〜]
しまりますI [ドアが〜]	閉まります	닫힙니다 [문이 〜]
つきますI [でんきが〜]	[電気が〜]	켜집니다 [전등이 〜]
きえますII* [でんきが〜]	消えます [電気が〜]	꺼집니다 [전등이 〜]
こわれますII [いすが〜]	壊れます	부서집니다, 망가집니다 [의자가 〜]
われますII [コップが〜]	割れます	깨집니다 [컵이 〜]
おれますII [きが〜]	折れます [木が〜]	부러집니다 [나무가 〜]
やぶれますII [かみが〜]	破れます [紙が〜]	찢어집니다 [종이가 〜]
よごれますII [ふくが〜]	汚れます [服が〜]	더러워집니다 [옷이 〜]
つきますI [ポケットが〜]	付きます	달립니다 [주머니가 〜], 붙습니다
はずれますII [ボタンが〜]	外れます	끌러집니다, 풀립니다, 떨어집니다 [단추가 〜]
とまりますI [くるまが〜]	止まります [車が〜]	섭니다, 세워집니다 [차가 〜]
まちがえますII		잘못합니다
おとしますI	落とします	떨어뜨립니다, 잃어버립니다
かかりますI [かぎが〜]	掛かります	잠깁니다 [도어락이 〜]
ふきますI		닦습니다
とりかえますII	取り替えます	교체합니다
かたづけますII	片づけます	정리합니다
[お]さら	[お]皿	접시
[お]ちゃわん*		밥그릇, 찻잔
コップ		컵
ガラス		유리
ふくろ	袋	봉지
しょるい	書類	서류
えだ	枝	가지, 나뭇가지
えきいん	駅員	역무원
こうばん	交番	파출소
スピーチ		스피치 (〜を します: 스피치를 합니다)
へんじ	返事	대답 (〜を します: 대답을 합니다)

おさきに どうぞ。	お先に どうぞ。	먼저 가십시오.
※源氏物語		겐지 모노가타리 (헤이안 시대에 무라사키 시키부가 쓴 소설)

〈会話〉

今の 電車	아까 전철
忘れ物	잊은 물건
このくらい	이만큼
～側	～쪽
ポケット	주머니
～辺	～쯤
覚えて いません。	기억나지 않습니다.
網棚	그물 선반
確か	제 기억으로는
[ああ、] よかった。	[아,] 다행이다. (안심했을 때 사용함)
※新宿	도쿄에 있는 역명 / 지명

〈読み物〉

地震	지진
壁	벽
針	바늘
指しますⅠ	가리킵니다
駅前	역 앞
倒れますⅡ	무너집니다
西	서쪽
～の方	～ 쪽
燃えますⅡ	불탑니다
レポーター	리포터

II. 번역

문형
1. 창문이 닫혀 있습니다.
2. 전철 안에 우산을 두고 내려 버렸습니다.

예문
1. 회의실 문이 잠가져 있군요.
   ……그럼 와타나베 씨에게 말해서 열어 달라고 합시다.
2. 이 PC 사용해도 됩니까?
   ……그것은 고장났으니까 저것을 사용하십시오.
3. 슈미트 씨가 가지고 온 와인은 어디 있습니까?
   ……다들 같이 마셔 버렸습니다.
4. 같이 돌아가지 않겠습니까?
   ……미안합니다. 이 이메일을 다 쓸 거니까 먼저 가십시오.
5. 약속 시간에 맞출 수 있었습니까?
   ……아니요, 늦어 버렸습니다. 길을 잘못 들었습니다.
6. 왜 그렇습니까?
   ……택시에 짐을 두고 내려 버렸습니다.

회화

소지품을 두고 내려 버렸습니다

이 : 저... 아까 전철 안에 소지품을 두고 내려 버렸는데요...
역무원 : 무엇을 두고 내렸습니까?
이 : 파란색 가방입니다. 이만한 크기의...
  바깥쪽에 큰 주머니가 달려 있습니다.
역무원 : 어디쯤에 두었습니까?
이 : 잘 기억나지 않습니다. 그런데 선반 위에 두었습니다.
역무원 : 안에 무엇이 들어 있습니까?
이 : 저..., 제 기억으로는 책과 우산이 들어 있습니다.
역무원 : 그럼 알아볼 테니까 잠깐 기다려 주십시오.
   ………………………………………………
역무원 : 찾았습니다.
이 : 아, 다행이다.
역무원 : 지금 신주쿠 역에 있는데 어떻게 하겠습니까?
이 : 즉시 찾으러 가겠습니다.
역무원 : 그럼 신주쿠 역 사무실에 가십시오.
이 : 네. 대단히 감사합니다.

III. 참고 어휘와 정보

状態・様子 (じょうたい・ようす)　상태, 모습

IV. 문법 해설

1. ┃V て형 います┃

「V て형 います」에는 그 동작의 결과가 계속되고 있음을 나타내는 용법이 있다.
① 窓が 割れて います。　　　　　　　　　유리창이 깨져 있습니다.
② 電気が ついて います。　　　　　　　　전등이 켜져 있습니다.

예를 들어 ①은 과거의 어떤 시점에 유리창이 깨졌고 지금도 그 결과(깨진 상태)가 남아 있음을 나타낸다.

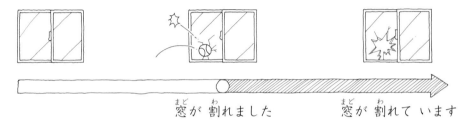

窓が 割れました　　　　　窓が 割れて います

이 용법으로 사용되는 동사는 「あきます」「しまります」「つきます」「きえます」「こわれます」「われます」와 같이 그 동작이 일어나기 전과 후에 변화가 일어나는 동사이다.

또한 눈앞의 상태를 그대로 묘사하는 경우에는 ①②와 같이 그 주체를 「が」로 표시한다. 주체를 주제로 내세우는 경우에는 ③과 같이 조사 「は」를 사용한다.
③ この いすは 壊れて います。　　　　　이 의자는 망가져 있습니다.

2. ┃V て형 しまいました／しまいます┃

「～て しまいました」는 동작이 완료됐음을 나타낸다. 「～て しまいます」는 미래의 어떤 시점에서 동작이 완료됨을 나타낸다.
④ シュミットさんが 持って 来た ワインは みんなで 飲んで しまいました。
　슈미트 씨가 가지고 온 와인은 다들 같이 마셔 버렸습니다.
⑤ 漢字の 宿題は もう やって しまいました。
　한자 숙제는 벌써 해 버렸습니다.
⑥ 昼ごはんまでに レポートを 書いて しまいます。
　점심 때까지 리포트를 써 버리겠습니다.

「～て しまいました」에는 ⑦⑧과 같이 화자의 후회나 유감스러운 마음을 나타내는 경우도 있다.
⑦ パスポートを なくして しまいました。　　여권을 잃어버렸습니다.
⑧ パソコンが 故障して しまいました。　　　PC가 고장나 버렸습니다.

3. ┃N(장소)に 行きます／来ます／帰ります┃

⑨(연습 C3 참조)에서는 방향을 나타내는 조사 「へ」 대신에 도착점을 나타내는 조사 「に」를 사용하고 있다. 이와 같이 「いきます／きます／かえります」 등의 동사는 「장소へ」「장소に」 어느 것과도 같이 사용할 수 있다.

⑨ どこかで 財布を 落として しまったんです。
……それは 大変ですね。すぐ 交番に 行かないと。
어딘가에서 지갑을 잃어버렸습니다.
……그건 큰일이네요. 즉시 파출소에 가야겠습니다.

4. それ／その／そう

제２과에서는 지시사가 그 자리에 있는 사물을 가리키는 용법을 배웠다. 여기서는 상대의 말이나 문장 속에 나타난 사물을 가리키는 「それ／その／そう」를 소개한다.

1) 대화의 경우

⑩⑪의 「それ」, ⑫의 「その」, ⑬의 「そう」는 상대가 직전에 말한 내용을 가리킨다.

⑩ どこかで 財布を 落として しまったんです。
……それは 大変ですね。すぐ 交番に 行かないと。
어딘가에서 지갑을 잃어버렸습니다.
……그건 큰일이네요. 즉시 파출소에 가야겠습니다.

⑪ 来月から 大阪の 本社に 転勤なんです。
다음달부터 오사카 본사로 전근하게 되었습니다.
……それは おめでとう ございます。 ……그거 축하합니다. (제31과)

⑫ あのう、途中で やめたい 場合は？
……その 場合は、近くの 係員に 名前を 言って、帰って ください。
저, 도중에서 그만두고 싶을 경우에는요?
……그 경우에는 가까이에 있는 담당자에게 이름을 말하고 귀가하십시오.
(제45과)

⑬ うちへ 帰って、休んだ ほうが いいですよ。 집에 돌아가서 쉬는 편이 좋겠습니다.
……ええ、そう します。 ……네, 그렇게 하겠습니다. (제32과)

2) 문장의 경우

⑭의 「その」는 앞 문장에 나온 내용을 가리킨다.

⑭ 一人で コンサートや 展覧会に 出かけると、いいでしょう。その とき 会った 人が 将来の 恋人に なるかも しれません。
혼자서 콘서트나 전시회에 가면 좋겠지요. 그때 만난 사람이 장래의 애인이 될지도 모릅니다. (제32과)

5. ありました

⑮ [かばんが] ありましたよ。　　　　　[가방을] 찾았습니다.

이 「ありました」는 가방이 있음을 화자가 발견했다는 뜻이다. 전에 거기에 가방이 있었다는 뜻은 아니다.

6. どこかで／どこかに

「どこか」「なにか」 뒤의 조사「へ」「を」는 생략할 수 있으나, 「どこかで」「どこかに」 뒤의 조사「で」「に」는 생략할 수 없다.

⑯ どこかで 財布を なくして しまいました。 어딘가에서 지갑을 잃어버렸습니다.

⑰ どこかに 電話が ありますか。 어딘가에 전화가 있습니까?

제 30 과

I. 어휘

はりますⅠ		붙입니다
かけますⅡ	掛けます	겁니다
かざりますⅠ	飾ります	장식합니다
ならべますⅡ	並べます	늘어놓습니다
うえますⅡ	植えます	심습니다
もどしますⅠ	戻します	되돌립니다
まとめますⅡ		꾸립니다, 정리합니다
しまいますⅠ		넣습니다
きめますⅡ	決めます	정합니다
よしゅうしますⅢ	予習します	예습합니다
ふくしゅうしますⅢ	復習します	복습합니다
そのままに しますⅢ		그대로 둡니다
じゅぎょう	授業	수업
こうぎ	講義	강의
ミーティング		미팅
よてい	予定	예정
おしらせ	お知らせ	안내, 알림
ガイドブック		가이드북, 안내서
カレンダー		달력
ポスター		포스터
よていひょう	予定表	예정표
ごみばこ	ごみ箱	쓰레기통
にんぎょう	人形	인형
かびん	花瓶	꽃병
かがみ	鏡	거울
ひきだし	引き出し	서랍
げんかん	玄関	현관
ろうか	廊下	복도
かべ	壁	벽
いけ	池	연못
もとの ところ	元の 所	원래 있던 곳
まわり	周り	주위
まんなか*	真ん中	가운데
すみ	隅	구석
まだ		아직

〈会話〉

リュック	배낭
非常袋(ひじょうぶくろ)	비상용 주머니
非常時(ひじょうじ)	비상시
生活(せいかつ)しますⅢ	생활합니다
懐中電灯(かいちゅうでんとう)	손전등
〜とか、〜とか	〜나 〜나

〈読(よ)み物(もの)〉

丸(まる)い	둥글다
ある〜	어느〜
夢(ゆめ)を見(み)ますⅡ	꿈을 꿉니다
うれしい	기쁘다
嫌(いや)[な]	싫다
すると	그러자
目(め)が覚(さ)めますⅡ	눈을 뜹니다

II. 번역

문형
1. 파출소에 동네 지도가 붙어 있습니다.
2. 여행을 가기 전에 인터넷으로 여러 가지 조사해 두겠습니다.

예문
1. 역의 새 화장실이 재미있군요.
   ……네? 그렇습니까?
   벽에 꽃과 동물 그림이 그려져 있습니다.
2. 스카치테이프는 어디에 있습니까?
   ……저 서랍 안에 넣어 두었습니다.
3. 다음달 출장 말인데요, 호텔을 예약해 둘까요?
   ……네, 부탁합니다.
4. 가위를 사용했으면 원래 있던 곳에 되돌려 두십시오.
   ……네, 알겠습니다.
5. 자료를 치워도 됩니까?
   ……아니요, 그대로 놓아 두십시오. 아직 사용하고 있으니까요.

회화

비상용 주머니를 준비해 두어야겠습니다

밀러 : 안녕하십니까?
스즈키 : 어서 오십시오. 자, 들어오십시오.
밀러 : 큰 배낭이 놓여 있군요.
   산에 갑니까?
스즈키 : 아니요. 비상용 주머니입니다.
밀러 : 비상용 주머니요? 무엇입니까?
스즈키 : 비상시에 사용하는 물건들을 넣어 두는 주머니입니다.
   전기나 가스가 끊겨도 3일 정도 생활할 수 있는 물건들을 넣어 둔 것입니다.
밀러 : 물과 음식입니까?
스즈키 : 네, 그 외에도 여러 가지가 있습니다. 손전등이나 라디오나…
밀러 : 저도 준비해 두어야겠습니다.
스즈키 : 비상용 주머니는 슈퍼마켓에서도 팔고 있습니다.
밀러 : 그렇습니까? 그러면 사 두겠습니다.

III. 참고 어휘와 정보

非常の場合　　비상시
(ひじょう の ばあい)

〔1〕地震の場合　지진의 경우
　　1) 備えが大切　대비가 중요하다
　　　① 家具が倒れないようにしておく
　　　　가구가 쓰러지지 않도록 고정해 둔다
　　　② 消火器を備える・水を貯えておく
　　　　소화기를 준비한다, 물을 받아 둔다
　　　③ 非常袋を用意しておく
　　　　비상용 주머니를 준비해 둔다
　　　④ 地域の避難場所を確認しておく
　　　　지역의 대피소를 확인해 둔다
　　　⑤ 家族、知人、友人と、もしもの場合の連絡先を決めておく
　　　　가족, 친지, 친구와 비상시 연락처를 정해 둔다

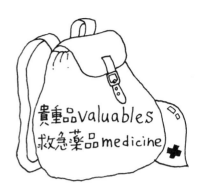

　　2) 万一地震が起きた場合　만약에 지진이 일어난 경우
　　　① 丈夫なテーブルの下にもぐる
　　　　튼튼한 테이블 밑으로 몸을 피한다
　　　② 落ち着いて火の始末
　　　　침착하게 불을 끈다
　　　③ 戸を開けて出口の確保
　　　　문을 열어서 출구를 확보한다
　　　④ 慌てて外に飛び出さない
　　　　놀라서 밖으로 뛰어나가지 않는다

　　3) 地震が収まったら　지진이 끝나면
　　　　正しい情報を聞く（山崩れ、崖崩れ、津波に注意）
　　　　정확한 정보를 얻는다 (산사태, 절벽 붕괴, 해일에 주의한다)

　　4) 避難する場合は　대피할 때는
　　　　車を使わず、必ず歩いて
　　　　차를 이용하지 않고 반드시 걸어간다

〔2〕台風の場合　태풍의 경우
　　　① 気象情報を聞く　　　　　　기상 정보를 듣는다
　　　② 家の周りの点検　　　　　　집 주위를 점검한다
　　　③ ラジオの電池の備えを　　　라디오의 전지를 비축한다
　　　④ 水、緊急食品の準備　　　　물과 비상 식량을 준비한다

IV. 문법 해설

1. ┌V て형 あります┐

「V て형 あります」는 누군가가 어떤 목적을 위해서 어떤 행위를 하고 그 결과가 남아 있는 상태를 나타낸다. 동사는 타동사를 사용한다.

1) ┌N₁に N₂が V て형 あります┐

① 机の 上に メモが 置いて あります。
책상 위에 메모가 놓여 있습니다.
② カレンダーに 今月の 予定が 書いて あります。
달력에 이달 예정이 적혀 있습니다.

2) ┌N₂は N₁に V て형 あります┐
N₂를 주제로 내세우는 경우에는 조사 「は」를 사용한다.

③ メモは どこですか。
…… [メモは] 机の 上に 置いて あります。
메모는 어디 있습니까?
…… [메모는] 책상 위에 놓여 있습니다.
④ 今月の 予定は カレンダーに 書いて あります。
이달 예정은 달력에 적혀 있습니다.

[주] 「V て형 います」와 「V て형 あります」의 차이점
⑤ 窓が 閉まって います。   창문이 닫혀 있습니다.
⑥ 窓が 閉めて あります。   창문을 닫아 놓았습니다.

⑤⑥과 같이 「V て형 います」와 「V て형 あります」에서 대립되는 자동사 (しまります) 와 타동사 (しめます) 가 사용되는 경우, ⑤는 창문이 닫혀 있는 상태를 단순히 서술하는 데 반하여, ⑥은 누군가의 행위로 그런 상태가 되었음을 나타낸다.

2. ┌V て형 おきます┐

1) 어떤 시점까지 필요한 동작, 행위를 끝냈음을 나타낸다.
⑦ 旅行の まえに、切符を 買って おきます。
여행을 가기 전에 표를 사 두겠습니다.
⑧ 次の 会議までに 何を して おいたら いいですか。
……この 資料を 読んで おいて ください。
다음 회의까지 무엇을 해 두면 됩니까?
……이 자료를 읽어 두십시오.

2) 다음에 사용할 것에 대비해서 필요한 동작을 마치거나 일시적인 조치를 취함을 나타낸다.
⑨ はさみを 使ったら、元の 所に 戻して おいて ください。
가위를 사용했으면 원래 있던 곳에 되돌려 두십시오.

3) 결과의 상태를 유지함을 나타낸다.
⑩ あした 会議が ありますから、いすは この ままに して おいて ください。
   내일 회의가 있으니까 의자는 이대로 놓아 두십시오.
[주] 구어체에서는「～て おきます」는「～ときます」가 되는 일이 많다.
⑪ そこに 置いといて（置いて おいて）ください。
   거기에 놓아 두십시오.（제38과）

3. まだ+긍정   아직

⑫ まだ 雨が 降って います。
   아직 비가 오고 있습니다.
⑬ 道具を 片づけましょうか。
   ……まだ 使って いますから、その ままに して おいて ください。
   도구를 치울까요?
   ……아직 사용하고 있으니까 그대로 놓아 두십시오.

이「まだ」는 '아직'이라는 뜻으로, 동작이나 상태가 계속되고 있음을 나타낸다.

4. とか

「とか」는「や」와 마찬가지로 예를 들 때 사용된다.「とか」는「や」에 비하여 구어적이며, 열거한 마지막 명사 뒤에도 사용할 수 있다.

⑭ どんな スポーツを して いますか。
   ……そうですね。テニスとか 水泳とか……。
   어떤 스포츠를 하고 있습니까?
   ……글쎄요. 테니스나 수영이나...

5. 격조사+も

「も」가「が」나「を」가 붙은 명사에 붙을 경우에는「が」「を」를 삭제한다. 그 외의 조사(예:に、で、から、まで、と)의 경우는 그 뒤에 붙는다.「へ」는 삭제해도 되고 안 해도 된다.

⑮ ほかにも いろいろ あります。
   이 외에도 여러 가지가 있습니다.
⑯ どこ[へ]も 行きません。
   아무데도 가지 않습니다.

제 31 과

I. 어휘

つづけますⅡ	続けます	계속합니다
みつけますⅡ	見つけます	찾습니다
とりますⅠ	取ります	받습니다 [휴가를 ~]
[やすみを~]	[休みを~]	
うけますⅡ	受けます	봅니다 [시험을 ~]
[しけんを~]	[試験を~]	
もうしこみますⅠ	申し込みます	신청합니다
きゅうけいしますⅢ	休憩します	쉽니다
れんきゅう	連休	연휴
さくぶん	作文	작문
はっぴょう	発表	발표 (~します：발표합니다)
てんらんかい	展覧会	전람회
けっこんしき	結婚式	결혼식
[お]そうしき*	[お]葬式	장례식
しき*	式	의식
ほんしゃ	本社	본사
してん	支店	지점
きょうかい	教会	교회, 성당
だいがくいん	大学院	대학원
どうぶつえん	動物園	동물원
おんせん	温泉	온천
かえり	帰り	돌아감, 돌아옴, 귀로
おこさん	お子さん	(타인의) 아이
－ごう	－号	－호 (열차, 태풍의 번호)
~の ほう	~の 方	~ 쪽
ずっと		쭉, 오랫동안
※バリ		발리 (인도네시아의 섬)
※ピカソ		파블로 피카소, 스페인의 화가 (1881-1973)
※のぞみ		신칸센의 이름 (~42号：노조미 42호)
※新神戸		효고현에 있는 역 이름

〈会話〉
残りますⅠ 　　　　　　　　남습니다
入学試験 　　　　　　　　입학시험
月に 　　　　　　　　　　한 달에

〈読み物〉
村 　　　　　　　　　　　마을
卒業しますⅢ 　　　　　　졸업합니다
映画館 　　　　　　　　　영화관
嫌[な] 　　　　　　　　　싫다
空 　　　　　　　　　　　하늘
閉じますⅡ 　　　　　　　감습니다
都会 　　　　　　　　　　도시
子どもたち 　　　　　　　아이들
自由に 　　　　　　　　　자유롭게

II. 번역

문형
1. 같이 가자.
2. 앞으로 제 회사를 만들려고 생각하고 있습니다.
3. 다음달에 자동차를 살 생각입니다.

예문
1. 피곤하네. 좀 쉬지 않을래?
   ……응, 그렇게 하자.
2. 설에는 무엇을 합니까?
   ……가족과 온천에 가려고 생각하고 있습니다.
3. 리포트는 벌써 다 썼습니까?
   ……아니요, 아직 쓰지 않았습니다. 금요일까지 정리하려고 생각하고 있습니다.
4. 모국으로 돌아가도 일본어 공부를 계속할 겁니까?
   ……네, 계속할 생각입니다.
5. 여름 방학에는 모국으로 돌아가지 않습니까?
   ……네. 대학원 시험을 보니까 올해는 돌아가지 않을 생각입니다.
6. 내일부터 뉴욕에 출장을 갑니다.
   ……그렇습니까? 언제 돌아옵니까?
   다음주 금요일에 돌아올 예정입니다.

회화

요리를 배우려고 생각하고 있습니다

오가와 : 다음달부터 혼자가 됩니다.
밀러 : 네?
오가와 : 실은 오사카 본사로 전근하게 되었습니다.
밀러 : 본사요? 그거 축하합니다.
        그런데 왜 혼자가 됩니까?
오가와 : 아내와 아이는 도쿄에 남습니다.
밀러 : 네? 같이 가지 않습니까?
오가와 : 네. 아들은 내년에 대학 입학시험이 있어서 도쿄에 남겠다고 하고, 아내는 지금 회사를 그만두고 싶지 않다고 합니다.
밀러 : 그래서 따로따로 사는군요.
오가와 : 네. 그렇지만 한 달에 두 세 번 주말에 돌아올 생각입니다.
밀러 : 힘들겠군요.
오가와 : 그렇지만 좋은 기회니까 요리를 배우려고 생각하고 있습니다.
밀러 : 그건 좋은 생각이군요.

III. 참고 어휘와 정보

専門（せんもん） 전문

医学（いがく）	의학
薬学（やくがく）	약학
化学（かがく）	화학
生化学（せいかがく）	생화학
生物学（せいぶつがく）	생물학
農学（のうがく）	농학
地学（ちがく）	지학, 지구 과학
地理学（ちりがく）	지리학
数学（すうがく）	수학
物理学（ぶつりがく）	물리학
工学（こうがく）	공학
土木工学（どぼくこうがく）	토목 공학
電子工学（でんしこうがく）	전자 공학
電気工学（でんきこうがく）	전기 공학
機械工学（きかいこうがく）	기계 공학
コンピューター工学（こうがく）	컴퓨터 공학
遺伝子工学（いでんしこうがく）	유전자 공학
建築学（けんちくがく）	건축학
天文学（てんもんがく）	천문학
環境科学（かんきょうかがく）	환경 과학
政治学（せいじがく）	정치학
国際関係学（こくさいかんけいがく）	국제 관계학
法律学（ほうりつがく）	법률학
経済学（けいざいがく）	경제학
経営学（けいえいがく）	경영학
社会学（しゃかいがく）	사회학
教育学（きょういくがく）	교육학
文学（ぶんがく）	문학
言語学（げんごがく）	언어학
心理学（しんりがく）	심리학
哲学（てつがく）	철학
宗教学（しゅうきょうがく）	종교학
芸術（げいじゅつ）	예술
美術（びじゅつ）	미술
音楽（おんがく）	음악
体育学（たいいくがく）	체육학

31

IV. 문법 해설

1. 의향형

ます형에서 의향형을 만드는 방법은 다음과 같다. (주교재(本冊) 제31과 연습 A1 참조)

Ⅰ그룹 : ます형의 마지막 음인 い열 음을 お열 음으로 바꾼 후 「う」를 붙인다.
かき-ます → かこ-う　　いそぎ-ます → いそご-う
よみ-ます → よも-う　　あそび-ます → あそぼ-う

Ⅱ그룹 : ます형에 「よう」를 붙인다.
たべ-ます → たべ-よう　　み-ます → み-よう

Ⅲ그룹 :
し-ます → し-よう　　き-ます → こ-よう

2. 의향형의 사용법

1) 의향형은 「～ましょう」의 보통형으로 보통체 문장에서 사용된다.

① ちょっと 休まない?　　　　　　　잠깐 쉬지 않을래?
　……うん、休もう。　　　　　　　……응, 쉬자.
② 手伝おうか。　　　　　　　　　　도와 줄까?
③ 傘を 持って 行こうか。　　　　　우산을 가지고 갈까?

[주] 보통체 의문문은 일반적으로 문말에 조사 「か」를 붙이지 않으나, ②③과 같은 「～ましょうか」의 보통체 의문문인 경우, 문말에 조사 「か」가 필요하다는 점에 주의하자.

2) V 의향형と 思って います

이 문형은 화자의 의지를 상대에게 밝힐 때 사용한다. 「V 의향형と おもいます」도 비슷한 뜻으로 사용되는데, 「V 의향형と おもって います」는 그 의지를 지금까지 일정 기간 지니고 있었음을 나타낸다.

④ 週末は 海へ 行こうと 思って います。
　주말에는 바다로 가려고 생각하고 있습니다.
⑤ 今から 銀行へ 行こうと 思います。　지금 은행에 가려고 생각합니다.

[주] 「V 의향형と おもいます」는 화자의 의지밖에 나타낼 수 없으나, 「V 의향형と おもって います」는 제삼자의 의지를 나타낼 수 있다.

⑥ 彼は 学校を 作ろうと 思って います。
　그는 학교를 세우려고 생각하고 있습니다.

3.
V 사전형
V ない형ない } つもりです

「V 사전형 つもりです」는 의지를 나타낸다. 부정형은 보통 「V ない형ない つもりです」를 사용한다.

⑦ 国へ 帰っても、日本語の 勉強を 続ける つもりです。
　모국으로 돌아가도 일본어 공부를 계속할 생각입니다.

⑧　あしたからは たばこを 吸わない つもりです。
　　내일부터는 담배를 피우지 않을 생각입니다.

[주] 「V 의향형과 おもって います」와 「V 사전형 つもりです」는 의미 차이가 별로 없으나, 확정적인 의지나 굳은 결의를 나타낼 때 「V 사전형 つもりです」가 사용되는 일이 많다.

4. V 사전형 / Nの ┃ 予定です

예정을 말하는 표현이다.

⑨　7月の 終わりに ドイツへ 出張する 予定です。
　　7월 말에 독일로 출장을 갈 예정입니다.
⑩　旅行は 1週間ぐらいの 予定です。
　　여행은 1주일 정도 갈 예정입니다.

5. まだ V て형 いません

이 표현은 말하는 시점에서 사태가 일어나지 않았거나 행위가 완료되지 않았음을 나타낸다.

⑪　銀行は まだ 開いて いません。
　　은행은 아직 문을 열지 않았습니다.
⑫　レポートは もう 書きましたか。
　　……いいえ、まだ 書いて いません。
　　리포트는 벌써 썼습니까?
　　……아니요, 아직 쓰지 않았습니다.

6. 帰ります – 帰り

⑬⑭와 같이 ます형과 같은 형태가 명사로서 사용되는 경우가 있다.

⑬　帰りの 新幹線は どこから 乗りますか。
　　돌아가는 신칸센은 어디서 탑니까?
⑭　休みは 何曜日ですか。
　　쉬는 날은 무슨 요일입니까? (제4과)

이 외에 아래와 같은 것들이 있다.

遊びます – 遊び　　答えます – 答え
申し込みます – 申し込み　　楽しみます(즐겁다) – 楽しみ

제 32 과

I. 어휘

うんどうします Ⅲ	運動します	운동합니다
せいこうします Ⅲ	成功します	성공합니다
しっぱいします Ⅲ* [しけんに～]	失敗します [試験に～]	실패합니다 [시험에 ～]
ごうかくします Ⅲ [しけんに～]	合格します [試験に～]	합격합니다 [시험에 ～]
やみます Ⅰ [あめが～]	[雨が～]	그칩니다 [비가 ～]
はれます Ⅱ	晴れます	갭니다
くもります Ⅰ	曇ります	흐립니다
つづきます Ⅰ [ねつが～]	続きます [熱が～]	계속됩니다 [열이 ～]
ひきます Ⅰ [かぜを～]		걸립니다 [감기에 ～]
ひやします Ⅰ	冷やします	식힙니다
こみます Ⅰ [みちが～]	込みます [道が～]	혼잡합니다 [길이 ～]
すきます Ⅰ [みちが～]	[道が～]	비어 있습니다 [길이 ～]
でます Ⅱ [しあいに～] [パーティーに～]	出ます [試合に～]	나갑니다 [경기에 ～] 나갑니다 [파티에 ～]
むりを します Ⅲ	無理を します	무리를 합니다
じゅうぶん[な]	十分[な]	충분하다
おかしい		이상하다, 우습다
うるさい		시끄럽다
せんせい	先生	선생님
やけど		화상 (～を します：화상을 입습니다)
けが		상처 (～を します：상처를 입습니다)
せき		기침 (～を します：기침을 합니다, ～が でます：기침이 납니다)
インフルエンザ		인플루엔자, 유행성 감기
そら	空	하늘
たいよう*	太陽	태양
ほし	星	별
かぜ	風	바람
ひがし*	東	동쪽
にし	西	서쪽
みなみ	南	남쪽
きた*	北	북쪽

こくさい～	国際～	국제 ~
すいどう	水道	수도
エンジン		엔진
チーム		팀
こんや	今夜	오늘 밤
ゆうがた	夕方	저녁
まえ		전
おそく	遅く	늦게
こんなに*		이토록
そんなに*		그토록 (청자에 관련된 사물이나 일에 대하여)
あんなに		저토록, 그토록 (화자와도 청자와도 관계없는 사물이나 일에 대하여)
※ヨーロッパ		유럽

〈会話〉

元気	기운
胃	위
ストレス	스트레스
それは いけませんね。	그건 안됐군요.

〈読み物〉

星占い	점성술
牡牛座	황소자리
働きすぎ	과로
困りますⅠ	곤란해집니다
宝くじ	복권
当たりますⅠ［宝くじが～］	당첨됩니다 [복권에 ～]
健康	건강
恋愛	연애
恋人	연인, 애인
ラッキーアイテム	럭키아이템, 행운을 주는 아이템
石	돌

II. 번역

문형
1. 매일 운동하는 편이 좋습니다.
2. 내일은 눈이 올 것입니다.
3. 약속 시간에 맞출 수 없을지도 모릅니다.

예문
1. 학생의 아르바이트에 대해서 어떻게 생각합니까?
   ……좋다고 생각합니다. 젊을 때는 여러 경험을 하는 편이 좋으니까요.
2. 한 달 정도 유럽에 놀러 가고 싶은데, 40만 엔이면 충분합니까?
   ……충분하다고 생각합니다.
      하지만 현금으로 가지고 가지 않는 편이 좋습니다.
3. 선생님, 일본의 경제는 어떻게 될까요?
   ……글쎄요. 여전히 당분간은 좋아지지 않을 것입니다.
4. 선생님, 한스는 인플루엔자입니까?
   ……네, 인플루엔자입니다. 2, 3일간 고열이 계속될지도 모르지만 걱정하지 않아도 됩니다.
5. 엔진 소리가 이상하군요.
   ……글쎄요. 고장이 났을지도 모릅니다.
      좀 알아봅시다.

회화

무리를 하지 않는 편이 좋습니다

오가와 : 슈미트 씨, 기운이 없군요.
         무슨 일입니까?
슈미트 : 요즈음 몸 컨디션이 좋지 않습니다.
         머리와 위가 가끔 아파 옵니다.
오가와 : 그건 안됐군요. 일이 바쁩니까?
슈미트 : 네. 야근이 많습니다.
오가와 : 스트레스일지도 모르겠군요.
         한번 병원에서 진찰 받는 편이 좋습니다.
슈미트 : 네, 그렇군요.
오가와 : 무리를 하지 않는 편이 좋습니다.
슈미트 : 네, 지금 하는 일이 끝나면 휴가를 받으려고 생각하고 있습니다.
오가와 : 그게 좋겠습니다.

III. 참고 어휘와 정보

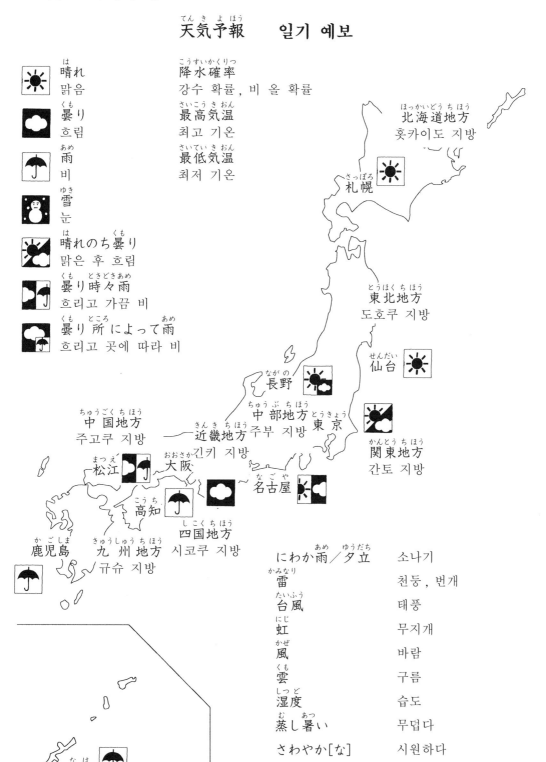

IV. 문법 해설

1.
$$\left.\begin{array}{l}\text{V た형} \\ \text{V ない형 ない}\end{array}\right\} \text{ほうが いいです}$$

① 毎日 運動した ほうが いいです。
매일 운동하는 편이 좋습니다.

② 熱が あるんです。
……じゃ、おふろに 入らない ほうが いいですよ。
열이 있습니다.
……그럼 목욕하지 않는 편이 좋습니다.

이 문형은 청자에게 조언이나 충고를 주는 경우에 사용한다.「V た형 ほうが いいです」에는 두 가지를 비교해서 하나를 선택하는 뜻이 포함되므로, 그 행위를 행하지 않으면 좋지 않다는 뜻이 있다. 강요하는 듯한 인상을 주는 수도 있으므로, 단순히 어떤 행위를 권하는 경우에는 「～たら いい」(제26과)를 사용한다.

③ 日本の お寺が 見たいんですが……。
……じゃ、京都へ 行ったら いいですよ。
일본의 절을 보고 싶은데요…
……그럼 교토에 가면 됩니다.

2.
$$\left.\begin{array}{ll}\text{V} & \text{보통형} \\ \text{い -adj} & \text{보통형} \\ \text{な -adj} & \text{보통형} \sim だ \\ \text{N} & \sim だ\end{array}\right\} \text{でしょう}$$

「～でしょう」는 미래의 일이나 불확실한 일에 대하여 화자의 생각을 단정하지 않고 말할 때 사용한다.

④ あしたは 雨が 降るでしょう。　　　내일은 비가 올 것입니다.
⑤ タワポンさんは 合格するでしょうか。　타와폰 씨는 합격할까요?
……きっと 合格するでしょう。　　　……꼭 합격할 것입니다.

3.
$$\left.\begin{array}{ll}\text{V} & \text{보통형} \\ \text{い -adj} & \text{보통형} \\ \text{な -adj} & \text{보통형} \sim だ \\ \text{N} & \sim だ\end{array}\right\} \text{かも しれません}$$

「～かも しれません」은 그것이 일어날 가능성이 조금이라도 있다는 것을 말하고 싶을 때 사용할 수 있다.

⑥ 約束の 時間に 間に 合わないかも しれません。
약속 시간에 맞출 수 없을지도 모릅니다.

4. Ｖます形ましょう

⑦　エンジンの 音が おかしいんですが。
　　……そうですね。故障かも しれません。ちょっと 調べましょう。
　　엔진 소리가 이상한데요.
　　……글쎄요. 고장이 났을지도 모릅니다. 좀 알아봅시다.

⑦의「Ｖます形ましょう」는 화자의 의지를 청자에게 전하는 표현이다. 어떤 행위를 할 것을 자청할 때 사용한다.「Ｖます形ましょうか」(제14과)보다 적극적인 뉘앙스가 있다.

5. 수량사で

기한이나 한도를 나타낸다.

⑧　駅まで 30分で 行けますか。
　　역까지 30분 내에 갈 수 있습니까?
⑨　3万円で パソコンが 買えますか。
　　3만엔으로 PC를 살 수 있습니까?

6. 何か 心配な こと

⑩　何か 心配な ことが あるんですか。　무슨 걱정되는 일이 있습니까?

⑩과 같은 경우「しんぱいな なにか」가 아니라「なにか しんぱいな こと」라는 표현을 사용한다. 그러한 표현에는 이 외에도「なにか ～ もの」「どこか ～ ところ」「だれか ～ ひと」「いつか ～ とき」등이 있다.

⑪　スキーに 行きたいんですが、どこか いい 所、ありますか。
　　스키를 타러 가고 싶은데, 어딘가 좋은 곳이 있습니까?

제 33 과

I. 어휘

にげますⅡ	逃げます	도망갑니다
さわぎますⅠ	騒ぎます	떠듭니다
あきらめますⅡ		포기합니다
なげますⅡ	投げます	던집니다
まもりますⅠ	守ります	지킵니다
はじまりますⅠ [しきが～]	始まります [式が～]	시작합니다 [의식이 ～]
しゅっせきしますⅢ [かいぎに～]	出席します [会議に～]	출석합니다 [회의에 ～]
つたえますⅡ	伝えます	전합니다
ちゅういしますⅢ [くるまに～]	注意します [車に～]	주의합니다 [자동차에 ～]
はずしますⅠ [せきを～]	外します [席を～]	뜹니다 [자리를 ～]
もどりますⅠ	戻ります	돌아옵니다, 돌아갑니다
ありますⅠ [でんわが～]	[電話が～]	옵니다 [전화가 ～]
リサイクルしますⅢ		재활용합니다
だめ[な]		안되다
おなじ	同じ	같다
けいさつ	警察	경찰, 경찰서
せき	席	자리
マーク		표
ボール		공
しめきり	締め切り	마감
きそく	規則	규칙
きけん	危険	위험
しようきんし	使用禁止	사용 금지
たちいりきんし	立入禁止	출입 금지
じょこう	徐行	서행
いりぐち	入口	입구
でぐち	出口	출구
ひじょうぐち	非常口	비상구

むりょう	無料	무료
わりびき	割引	할인
のみほうだい	飲み放題	음료 무한 제공
しようちゅう	使用中	사용 중
ぼしゅうちゅう	募集中	모집 중
～ちゅう	～中	～ 중
どういう ～		어떤 ～, 무슨 ～
いくら [～ても]		얼마나 [～어도]
もう		이제 (부정어와 같이 사용함)
あと ～		나머지는 ～
～ほど		～ 정도

〈会話〉

駐車違反（ちゅうしゃいはん）	주차 위반
罰金（ばっきん）	벌금

〈読み物〉

地震（じしん）	지진
起きますⅡ（お）	일어납니다
助け合いますⅠ（たす あ）	서로 돕습니다
もともと	원래
悲しい（かな）	슬프다
もっと	더
あいさつ	인사, 인사말 (～を します：인사를 합니다, 인사말을 합니다)
相手（あいて）	상대
気持ち（きも）	마음

II. 번역

문형
1. 서둘러라.
2. 손 대지 마라.
3. 'たちいりきんし'는 들어가지 말라는 뜻입니다.
4. 밀러 씨는 다음주에 오사카로 출장 갈 것이라고 말했습니다.

예문
1. 안되겠다. 더 이상 못 뛰겠어.
   ……힘내라. 500 미터 남았어.
2. 이제 시간이 없어.
   ……아직 1 분 남았어. 포기하지 마라.
3. 이 연못에서 놀면 안 됩니다. 저기 '들어가지 마라'라고 쓰여 있습니다.
   ……아, 그러네요.
4. 저 한자는 뭐라고 읽습니까?
   ……'きんえん'입니다. 담배를 피우면 안 된다는 뜻입니다.
5. 이 표시는 어떤 뜻입니까?
   ……세탁기로 빨 수 있다는 뜻입니다.
6. 굽타 씨는 있습니까?
   ……지금 외출 중입니다. 30 분쯤 후에 돌아오겠다고 말했습니다.
7. 미안하지만 와타나베 씨에게 내일 파티는 6 시부터라고 전해 주시지 않겠습니까?
   ……알겠습니다. 6 시부터지요?

회화

이것은 어떤 뜻입니까?

와트: 저... 제 차에 이런 종이가 붙어 있었는데, 이 한자는 뭐라고 읽습니까?
대학 직원: 'ちゅうしゃいはん'입니다.
와트: 'ちゅうしゃいはん'... 어떤 뜻입니까?
대학 직원: 세워서는 안 되는 곳에 차를 세웠다는 뜻입니다. 어디에 세웠습니까?
와트: 역 앞입니다. 잡지를 사러 가서 10 분만...
대학 직원: 역 앞이면 10 분이라도 안 됩니다.
와트: 그렇습니까? 벌금을 내야 합니까?
대학 직원: 네, 15,000 엔 지불해야 합니다.
와트: 네? 15,000 엔요? 잡지는 300 엔이었는데요...

III. 참고 어휘와 정보

標識　표지

営業中　　準備中　　閉店　　定休日
영업 중　　준비 중　　폐점　　정기 휴일

化粧室　　禁煙席　　予約席　　非常口
화장실　　금연석　　예약석　　비상구

火気厳禁　　割れ物注意　　運転初心者注意　　工事中
화기 엄금　　파손 주의　　초보 운전　　공사 중

塩素系漂白剤不可　　手洗い　　アイロン(低温)　　ドライクリーニング
염소계 표백제 사용 불가　　손빨래　　다림질(저온)　　드라이클리닝, 건식 세탁

IV. 문법 해설

1. 명령형, 금지형

1) 명령형 만드는 법 (주교재 (本冊) 제33과 연습 A1 참조)
   Ⅰ그룹 : ます형 끝의 い열 음을 え열 음으로 바꾼다.
   かきーます → かけ　　いそぎーます → いそげ
   よみーます → よめ　　あそびーます → あそべ
   Ⅱ그룹 : ます형에 「ろ」를 붙인다.
   たべーます → たべろ　　みーます → みろ
   예외 : くれーます → くれろ
   Ⅲ그룹 :
   しーます → しろ　　きーます → こい
   [주] 「ある」「できる」「わかる」 등의 상태 동사는 명령형이 없다.

2) 금지형 만드는 법 (주교재 (本冊) 제33과 연습 A1 참조)
   사전형에 「な」를 붙인다.

2. 명령형과 금지형의 사용법

명령형은 상대에게 어떤 동작을 강요할 때, 금지형은 어떤 동작을 하지 말라고 명령할 때 사용한다. 이는 모두 위압적이고 매우 강한 어조를 띠므로 문말에서 사용하는 장면은 극히 한정적이다. 또한 회화에서 사용하는 것은 대부분의 경우 남성에 한한다. 명령형, 금지형이 문말에서 사용되는 경우는 아래와 같다.

1) 지위나 나이가 위인 남성이 아랫사람에게, 혹은 아버지가 아이에게 사용함
   ① 早く寝ろ。　　　　　　빨리 자라.
   ② 遅れるな。　　　　　　늦지 마라.

2) 남성 친구끼리 사용함. 어조를 부드럽게 하기 위해서 문말에 조사 「よ」를 붙이는 일이 많다.
   ③ あした うちへ 来い[よ]。　　내일 우리 집에 와라.
   ④ あまり 飲むな[よ]。　　　　너무 많이 마시지 마라.

3) 공장 등에서 공동 작업을 할 때의 지시나, 화재, 지진 등 긴급 상황에서 상대에 대한 말투에 배려할 여유가 없을 때 사용함. 그 경우에도 지위나 나이가 위인 남성에 의해서만 사용되는 일이 많다.
   ⑤ 逃げろ。　　　　　　　도망가라.
   ⑥ エレベーターを 使うな。　엘리베이터를 이용하지 마라.

4) 단체 훈련, 학교의 체육 과목이나 동아리의 스포츠 활동 등에서 구령을 내릴 때 사용함.
   ⑦ 休め。　　　　　　　　쉬엇.
   ⑧ 休むな。　　　　　　　쉬지 마.

5) 스포츠 관람 시의 응원 소리. 이 경우에는 여성도 사용하는 일이 있다.
   ⑨ 頑張れ。　　　　　　　힘내라.
   ⑩ 負けるな。　　　　　　지지 마.

6) 교통 표지나 표어 등 강한 효과를 노리거나 간결함을 중시할 때 사용함.
   ⑪ 止まれ。 멈춤.
   ⑫ 入るな。 출입 금지.
   [주] 명령의 형식에는「Vます형なさい」도 있다. 이것은 부모가 아이에게, 또는 교사가 학생에게 사용하며, 동사 명령형보다 정중한 어조가 느껴진다. 여성은 명령형 대신에 이것을 사용한다. 단 손윗사람에게는 사용할 수 없다.
   ⑬ 勉強しなさい。 공부해라.

3. 〜と 書いて あります／〜と 読みます

   ⑭ あの 漢字は 何と 読むんですか。 저 한자는 뭐라고 읽습니까?
   ⑮ あそこに「止まれ」と 書いて あります。 저기 '멈춤'이라고 쓰여 있습니다.
   ⑭⑮의「と」는「〜と いいます」(제21과)의「と」와 같은 기능을 지닌다.

4. X は Y と いう 意味です

이 형식은 X의 뜻을 정의할 때 사용한다.「と いう」는「と いいます」에서 유래한 것이다. X의 뜻을 물어볼 때는 의문사「どういう」를 사용한다.

   ⑯「立入禁止」は 入るなと いう 意味です。
   'たちいりきんし'는 들어가지 말라는 뜻입니다.
   ⑰ この マークは どういう 意味ですか。 이 표시는 어떤 뜻입니까?
   ……洗濯機で 洗えると いう 意味です。 ……세탁기로 빨 수 있다는 뜻입니다.

5. S 보통형 と 言って いました

제삼자의 말을 인용할 때는「〜と いいました」(제21과)를 사용하는데, 제삼자의 말을 전할 때는「〜と いって いました」를 사용한다.

   ⑱ 田中さんは「あした 休みます」と 言って いました。
   다나카 씨는 '내일 쉬겠습니다'라고 말했습니다.
   ⑲ 田中さんは あした 休むと 言って いました。
   다나카 씨는 내일 쉬겠다고 말했습니다.

6. S 보통형 と 伝えて いただけませんか

전언을 정중히 요청할 때 사용한다.

   ⑳ ワンさんに「あとで 電話を ください」と 伝えて いただけませんか。
   왕 선생님에게 '이따가 전화를 주십시오'라고 전해 주시지 않겠습니까?
   ㉑ すみませんが、渡辺さんに あしたの パーティーは 6時からだと 伝えて いただけませんか。
   미안하지만 와타나베 씨에게 내일 파티는 6시부터라고 전해 주시지 않겠습니까?

제 34 과

I. 어휘

みがきます I [はを〜]	磨きます [歯を〜]	닦습니다 [이를 〜]
くみたてます II	組み立てます	조립합니다
おります I	折ります	접습니다, 꺾습니다
きが つきます I [わすれものに〜]	気が つきます [忘れ物に〜]	알아차립니다 [잊은 것을 〜]
つけます II [しょうゆを〜]		찍습니다 [간장을 〜]
みつかります I [かぎが〜]	見つかります	발견됩니다 [열쇠가 〜]
しつもんします III	質問します	질문합니다
さします I [かさを〜]	[傘を〜]	씁니다 [우산을 〜]
スポーツクラブ		스포츠 클럽
[お]しろ	[お]城	성
せつめいしょ	説明書	설명서
ず	図	그림
せん	線	선
やじるし	矢印	화살표 (기호)
くろ	黒	검은색 (명사)
しろ*	白	흰색 (명사)
あか*	赤	붉은색 (명사)
あお*	青	파란색 (명사)
こん	紺	감색 (명사)
きいろ*	黄色	노란색 (명사)
ちゃいろ*	茶色	밤색 (명사)
しょうゆ		간장
ソース		소스
おきゃく[さん]	お客[さん]	손님
〜か〜		〜나〜
ゆうべ		어젯밤
さっき		아까

〈会話〉

茶道（さどう）	다도
お茶（ちゃ）を たてますⅡ	차를 끓입니다 (다도에서)
先（さき）に	먼저
載（の）せますⅡ	올립니다
これで いいですか。	이렇게 하면 됩니까?
いかがですか。	어떻습니까?
苦（にが）い	쓰다

〈読み物〉

親子（おやこ）どんぶり	닭고기 계란 덮밥
材料（ざいりょう）	재료
～分（ぶん）	～분 (양을 나타냄)
－グラム	－그램
－個（こ）	－개 (작은 것을 셀 때 사용하는 조수사)
たまねぎ	양파
4分（ぶん）の1（1/4）	4분의 1
調味料（ちょうみりょう）	조미료
適当（てきとう）な 大（おお）きさに	적당한 크기로
なべ	냄비
火（ひ）	불
火（ひ）に かけますⅡ	불에 올립니다
煮（に）ますⅡ	삶습니다
煮（に）えますⅡ	삶아집니다
どんぶり	사발
たちますⅠ	지납니다

II. 번역

문형
1. 선생님이 말씀하신 대로 씁니다.
2. 밥을 먹은 후에 이를 닦습니다.
3. 커피는 설탕을 넣지 않고 마십니다.

예문
1. 이것은 새 로봇입니다.
   ……어떤 로봇입니까?
   사람의 행동을 따라서 무엇이든지 합니다.
2. 이 테이블은 직접 조립합니까?
   ……네, 설명서대로 조립해 주십시오.
3. 잠깐 기다려 주십시오. 간장은 설탕을 넣은 후에 넣는 것입니다.
   ……네, 알겠습니다.
4. 일이 끝난 후에 한잔하러 가지 않겠습니까?
   ……미안합니다. 오늘은 스포츠 클럽에 가는 날입니다.
5. 친구 결혼식에 무엇을 입고 가면 됩니까?
   ……글쎄요. 일본에서는 남자는 검정이나 감색 슈트를 입고 흰 넥타이를 매고 갑니다.
6. 이것은 소스를 찍습니까?
   ……아니요, 아무것도 찍지 말고 드십시오.
7. 요즈음 엘리베이터를 타지 않고 계단을 이용하고 있습니다.
   ……좋은 운동이 되겠군요.

회화

제가 하는 대로 해 주십시오

클라라 : 다도를 한번 보고 싶은데요...
와타나베 : 그럼 다음주 토요일에 같이 가지 않겠습니까?
   ……………………………………………………
다도 선생님 : 와타나베 씨, 차를 끓여 주십시오.
   클라라 씨, 과자를 드십시오.
클라라 : 네? 먼저 과자를 먹습니까?
다도 선생님 : 네. 단 과자를 먹은 후에 차를 마시면 맛있습니다.
클라라 : 그렇습니까?
다도 선생님 : 그러면 차를 마십시다.
   먼저 오른손으로 찻잔을 집어서 왼손에 올립니다.
   다음으로 찻잔을 두 번 돌리고 나서 마십니다.
클라라 : 네.
다도 선생님 : 그럼 제가 하는 대로 해 주십시오.
   ……………………………………………………
클라라 : 이렇게 하면 됩니까?
다도 선생님 : 네. 어떻습니까?
클라라 : 조금 쓰지만 맛있습니다.

III. 참고 어휘와 정보

料理(りょうり) 요리

料理(りょうり) 요리

煮る(にる)	익히다, 삶다, 조리다, 끓이다
焼く(やく)	굽다
揚げる(あげる)	튀기다
いためる	볶다
ゆでる	삶다
蒸す(むす)	찌다
炊く(たく)	짓다, 쑤다
むく	까다
刻む(きざむ)	썰다
かき混ぜる(まぜる)	섞다

調味料(ちょうみりょう) 조미료

しょうゆ	간장
砂糖(さとう)	설탕
塩(しお)	소금
酢(す)	식초
みそ	된장
油(あぶら)	기름, 식용유
ソース	소스
マヨネーズ	마요네즈
ケチャップ	케첩
からし(マスタード)	겨자(머스터드)
こしょう	후추
とうがらし	고추
しょうが	생강
わさび	고추냉이, 와사비
カレー粉(こ)	카레 가루

台所用品(だいどころようひん) 주방 용품

なべ	냄비	炊飯器(すいはんき)	전기 밥솥, 가스 밥솥
やかん	주전자	しゃもじ	주걱
ふた	뚜껑	缶切り(かんきり)	깡통 따게, 오프너
おたま	국자	栓抜き(せんぬき)	병따개, 오프너
まな板(いた)	도마	ざる	소쿠리
包丁(ほうちょう)	식칼	ポット	포트, 보온병
ふきん	행주	ガス台(だい)	가스레인지
フライパン	프라이팬	流し[台](ながしだい)	싱크대
電子(でんし)オーブンレンジ	전자 오븐 레인지	換気扇(かんきせん)	환기팬

IV. 문법 해설

1. $\begin{Bmatrix} V_1 た형 \\ N の \end{Bmatrix}$ とおりに、V_2

1) $\boxed{V_1 た형 \ とおりに、V_2}$

   V_1과 같은 상태나 방법으로 V_2의 행위를 함을 나타낸다.

   ① わたしが やった とおりに、やって ください。
      제가 하는 대로 해 주십시오.
   ② 見た とおりに、話して ください。
      보았던 대로 말해 주십시오.

2) $\boxed{N の \ とおりに、V}$

   명사가 제시한 기준에서 벗어나지 않고 동작을 함을 나타낸다.

   ③ 線の とおりに、紙を 切って ください。
      선을 따라 종이를 잘라 주십시오.
   ④ 説明書の とおりに、組み立てました。
      설명서대로 조립했습니다.

   [주]「とおり」는 명사이므로「この」「その」「あの」와 같은 지시사가 직접 붙어서 그 지시사가 제시하는 상태나 방법으로 동작을 함을 나타낸다.

   ⑤ この とおりに、書いて ください。
      이대로 써 주십시오.

2. $\begin{Bmatrix} V_1 た형 \\ N の \end{Bmatrix}$ あとで、V_2

V_2의 내용이 V_1이나 N의 내용이 일어난 후에 일어남을 나타낸다.

⑥ 新しいのを 買った あとで、なくした 時計が 見つかりました。
   새것을 산 후에 잃어버린 시계가 발견되었습니다.
⑦ 仕事の あとで、飲みに 行きませんか。
   일이 끝난 후에 한잔하러 가지 않겠습니까?

비슷한 뜻을 나타내는「V て형から」(제16과 참조)에 비하여 시간적인 전후 관계에 초점을 맞출 때 사용한다. 또한「V て형から」와 달리 V_1이나 N이 V_2의 전제이거나 준비 동작이라는 뜻은 없다.

3. $\begin{rcases} V_1\,て형 \\ V_1\,ない형ないで \end{rcases} V_2$

1) V_1은 V_2에 대한 부수적인 동작, 상태를 나타낸다. 예를 들어 아래 예문 ⑧⑨에서는 「たべます」라는 동작이 일어날 때 간장을 찍느냐 찍지 않으냐를 말하고 있다. V_1과 V_2의 동작주는 같다.

⑧　しょうゆを つけて 食べます。
간장을 찍어서 먹습니다.

⑨　しょうゆを つけないで 食べます。
간장을 찍지 않고 먹습니다.

2) 「V_1 ない형ないで V_2」에는 동시에 할 수 없는 두 가지 동작(V_1, V_2) 중 하나(V_2)를 선택해서 행함을 나타내는 용법도 있다.

⑩　日曜日は どこも 行かないで、うちで ゆっくり 休みます。
일요일에는 아무데도 가지 않고 집에서 푹 쉽니다.

제 35 과

I. 어휘

さきます I [はなが～]	咲きます [花が～]	핍니다 [꽃이 ～]
かわります I [いろが～]	変わります [色が～]	변합니다 [색이 ～]
こまります I	困ります	곤란해집니다
つけます II [まるを～]	付けます [丸を～]	칩니다 [동그라미를 ～]
なおります I [びょうきが～] [こしょうが～]	治ります、直ります [病気が～] [故障が～]	낫습니다 [병이 ～] 고쳐집니다 [고장이 ～]
クリックします III		클릭합니다
にゅうりょくします III	入力します	입력합니다
ただしい	正しい	맞다
むこう	向こう	저쪽
しま	島	섬
みなと	港	항구
きんじょ	近所	근처
おくじょう	屋上	옥상
かいがい	海外	해외
やまのぼり	山登り	등산
れきし	歴史	역사
きかい	機会	기회
きょか	許可	허가
まる	丸	동그라미
ふりがな		후리가나 (한자 읽기를 표기하는 가나)
せつび	設備	설비
レバー		레버
キー		키
カーテン		커튼
ひも		끈
すいはんき	炊飯器	밥솥
は	葉	잎
むかし	昔	옛날
もっと		더
これで おわりましょう。	これで 終わりましょう。	이만 마칩시다.

※箱根（はこね）	가나가와현에 있는 휴양지, 관광지
※日光（にっこう）	도치기현에 있는 관광지
※アフリカ	아프리카
※マンガミュージアム	교토 국제 만화 뮤지엄
※みんなの 学校（がっこう）	실제로 존재하지 않는 일본어 학원
※大黒（だいこく）ずし	실제로 존재하지 않는 초밥집
※IMCパソコン教室（きょうしつ）	실제로 존재하지 않는 컴퓨터 학원
※母（はは）の 味（あじ）	실제로 존재하지 않는 책 제목
※はる	실제로 존재하지 않는 미용실
※佐藤歯科（さとうしか）	실제로 존재하지 않는 치과 의원
※毎日（まいにち）クッキング	실제로 존재하지 않는 요리 학원

〈会話（かいわ）〉

それなら	그러면
夜行（やこう）バス	야행 버스
さあ	글쎄 (무언가에 대하여 잘 모를 때 사용함)
旅行社（りょこうしゃ）	여행사
詳（くわ）しい	자세하다
スキー場（じょう）	스키장
※草津（くさつ）	군마현에 있는 휴양지
※志賀高原（しがこうげん）	나가노현의 국립 공원 안에 있는 고원

〈読（よ）み物（もの）〉

朱（しゅ）	주홍색, 주황색
交（まじ）わりますⅠ	사귑니다
ことわざ	속담
関係（かんけい）	관계
仲（なか）よく しますⅢ	사이좋게 지냅니다
必要（ひつよう）[な]	필요하다

II. 번역

문형
1. 봄이 되면 벚꽃이 핍니다.
2. 날씨가 좋으면 저쪽에 섬이 보입니다.
3. 홋카이도 여행이라면 6월이 좋습니다.

예문
1. 차 창문이 열리지 않는데요...
   ……그 버튼을 누르면 열립니다.
2. 그 외에 의견이 있습니까?
   ……아니요, 별로 없습니다.
   없으면 이만 마칩시다.
3. 일본 생활은 어떻습니까?
   ……매우 편리합니다. 그렇지만 물가가 조금 더 싸면 더 좋겠다고 생각합니다.
4. 내일까지 리포트를 내야 합니까?
   ……무리라면 금요일까지 내십시오.
5. 책을 빌리고 싶은데 어떻게 하면 됩니까?
   ……접수 창구에서 카드를 만들어 달라고 하십시오.
6. 2, 3일간 여행을 하려고 생각하고 있는데, 어딘가 좋은 곳이 없습니까?
   ……글쎄요. 2, 3일이라면 하코네나 닛코가 좋다고 생각합니다.

회화

어딘가 좋은 곳 없습니까?

타와폰 : 스즈키 씨, 겨울 휴가 때 친구와 스키를 타러 가고 싶은데, 어딘가 좋은 곳 없습니까?
스즈키 : 며칠 정도의 예정입니까?
타와폰 : 3일 정도입니다.
스즈키 : 그러면 구사쓰나 시가 고원이 좋다고 생각합니다. 온천도 있고...
타와폰 : 어떻게 갑니까?
스즈키 : JR로도 갈 수 있는데, 야행 버스로 가면 아침에 도착하니까 편리합니다.
타와폰 : 그렇습니까? 어느 쪽이 쌉니까?
스즈키 : 글쎄요... 여행사에 가면 더 자세한 것을 알 수 있습니다.
타와폰 : 그리고 스키 도구와 옷은 아무것도 가지고 있지 않은데요...
스즈키 : 전부 스키장에서 빌릴 수 있습니다. 걱정이라면 여행사에서 예약도 할 수 있고요...
타와폰 : 그렇습니까? 대단히 감사합니다.

III. 참고 어휘와 정보

ことわざ　속담

住(す)めば都(みやこ)
정들면 고향.
어떤 곳이든 계속 오래 살다 보면 그곳이 제일 좋은 곳으로 여겨지게 된다.

三人(さんにんよ)寄れば文殊(もんじゅ)の知恵(ちえ)
세 사람이 모이면 문수보살 같은 지혜가 나온다.
특별히 우수한 사람들이 아니라도 세 사람이 모여서 의논하면 좋은 생각이 떠오른다.

立(た)てばしゃくやく、座(すわ)ればぼたん、
　　　　　歩(ある)く姿(すがた)はゆりの花(はな)
서 있으면 작약, 앉으면 모란, 걷는 모습은 백합꽃.
서 있는 모습은 작약꽃과 같고, 앉아 있는 모습은 모란꽃과 같고, 걷는 모습은 백합꽃과 같다. 미인을 표현한 말.

ちりも積(つ)もれば山(やま)となる
티끌 모아 태산.
아무리 작은 것이라도 많이 모이면 산처럼 커진다.

うわさをすれば影(かげ)
호랑이도 제 말 하면 온다.
남의 이야기를 하면 실제로 그 당사자가 나타나는 법이다.

苦(く)あれば楽(らく)あり、楽(らく)あれば苦(く)あり
고생 끝에 낙이 온다.
고생하면 나중에 즐거운 일이 있는 반면에, 편하게 지내면 나중에 고생하게 된다. 인생에는 좋은 일만 있는 것도 아니고, 나쁜 일만 있는 것도 아니다.

IV. 문법 해설

1. 조건형 만드는 법 (주교재(本冊) 제35과 연습 A1 참조)

Ⅰ그룹: ます형 끝의 い열 음을 え열 음으로 바꾼 후에 「ば」를 붙인다.
Ⅱ그룹: ます형에 「れば」를 붙인다.
Ⅲ그룹: しーます → すれば   きーます → くれば
[주] 동사 부정형(예: いかない)을 조건형으로 바꿀 때는, ない형(예: いか)에 「なければ」를 붙인다.
い형용사: 「い」를 「ければ」로 바꾼다.
な형용사: 「な」를 삭제한 후에 「なら」를 붙인다.
명사: 「なら」를 붙인다.

2. 조건형、〜

1) 뒤의 절(주절)의 내용이 성립되기 위해서 필요한 조건을 앞 절에서 제시한다.
   ① ボタンを 押せば、窓が 開きます。   버튼을 누르면 창문이 열립니다.
   ② 彼が 行けば、わたしも 行きます。   그 사람이 가면 저도 갑니다.
   ③ あした 都合が よければ、来て ください。 내일 형편이 좋으면 와 주십시오.
   ④ いい 天気なら、向こうに 島が 見えます。
      날씨가 좋으면 저쪽에 섬이 보입니다.

2) 상대가 말한 내용이나 어떤 상황을 전제로 하여 화자의 판단을 나타낸다.
   ⑤ ボールペンが ないんですが。
      ……ボールペンが なければ、鉛筆で 書いて ください。
      볼펜이 없는데요.
      ……볼펜이 없으면 연필로 쓰십시오.
   ⑥ あしたまでに レポートを 出さなければ なりませんか。
      ……無理なら、金曜日までに 出して ください。
      내일까지 리포트를 내야 합니까?
      ……무리라면 금요일까지 내십시오.

원칙적으로 뒤의 절(주절)에는 의지, 희망, 명령, 의뢰 등의 표현은 사용하지 않으나, 앞 절과 뒤의 절의 주어가 다른 경우(②)나 앞 절의 서술어가 상태를 나타내는 경우(③⑤)에는 사용할 수 있다.

[참고] 본과까지 학습한 유사 표현과의 비교

1) 〜と (제23과)
「と」는 「と」 앞의 동작이나 사태가 일어나면 뒤따르는 주절이 나타내는 상태나 동작, 현상, 사태가 필연적으로 성립됨을 나타낸다. 뒤의 절(주절)에는 의지, 희망, 명령, 의뢰와 같은 표현은 오지 않는다.
   ⑦ ここを 押すと、ドアが 開きます。   여기를 누르면 문이 열립니다.
   ⑦ 「〜ば」를 사용해서 나타낼 수 있다.
   ⑧ ここを 押せば、ドアが 開きます。   여기를 누르면 문이 열립니다.

2) ～たら（제25과）

「～たら」에는 (1) 가정 조건을 나타내는 용법과 (2)「동사た형ら」가 성립될 것을 알고 있을 때 그것이 성립된 후에 뒤따르는 주절의 동작이나 사태가 성립함을 나타내는 용법이 있다. 뒤의 절(주절)에는 의지, 희망, 명령, 의뢰와 같은 표현을 사용할 수 있다.

⑨ 東京へ 来たら、ぜひ 連絡して ください。　도쿄에 오면 꼭 연락해 주십시오.
　×東京へ 来ると、ぜひ 連絡して ください。
　×東京へ 来れば、ぜひ 連絡して ください。

⑩ 田中さんが 東京へ 来れば、[わたしは] 会いに 行きます。
　다나카 씨가 도쿄에 오면 [저는] 만나러 가겠습니다.

⑨와 같이 뒤의 절(주절)에서 화자의 의지가 표현되는 경우에는「～たら」는 사용할 수 있으나,「～と」「～ば」는 사용할 수 없다. 단 ⑩과 같이 앞 절과 뒤의 절(주절)의 주어가 다를 경우에는 뒤의 절(주절)에서 화자의 의지가 표현되어 있어도「～ば」를 사용할 수 있다. 이와 같이「～たら」는 사용 범위가 제일 넓다고 말할 수 있는데, 구어적이기 때문에 문어체에서는 좀처럼 사용되지 않는다.

3. 의문사 V 조건형 いいですか

청자에게 조언이나 지시를 요청하는 표현이다. 제26과에서 학습한「～たら いいですか」와 사용법이 같다.

⑪ 本を 借りたいんですが、どう すれば いいですか。
　책을 빌리고 싶은데 어떻게 하면 됩니까?
⑫ 本を 借りたいんですが、どう したら いいですか。
　책을 빌리고 싶은데 어떻게 하면 됩니까? (제26과)

4. Nなら、～

「Nなら、～」는 상대가 말한 내용을 전제로 거기에 대한 어떤 정보를 주는 경우에도 사용한다.

⑬ 温泉に 行きたいんですが、どこが いいですか。
　온천에 가고 싶은데 어디가 좋습니까?
　……温泉なら、白馬が いいですよ。　……온천이라면 하쿠바가 좋습니다.

5. ～は ありませんか (부정 의문문)

⑭ 2、3日 旅行を しようと 思って いるんですが、どこか いい 所は ありませんか。
　2, 3일간 여행을 하려고 생각하고 있는데, 어딘가 좋은 곳이 없습니까?

⑭의「いい ところは ありませんか」는「いい ところは ありますか」와 같은 뜻인데,「ありませんか」라고 물어봄으로써 상대가 '없다'라고 대답하기 쉬워지므로, 상대에게 배려한 표현이라고 할 수 있다.
이와 같이 일반적으로 부정 의문형이 더 정중한 질문 방식이 된다. 대답할 때는「はい、あります」「いいえ、ありません」이라고 한다.

제 36 과

I. 어휘

あいますI [じこに〜]	[事故に〜]	당합니다 [사고를 〜]
ちょきんしますIII	貯金します	저금합니다
すぎますII [7じを〜]	過ぎます [7時を〜]	지납니다 [7시가 〜]
なれますII [しごとに〜]	慣れます [仕事に〜]	익숙해집니다, 적응합니다 [일에 〜]
くさりますI [たべものが〜]	腐ります [食べ物が〜]	썩습니다 [음식이 〜]
けんどう	剣道	검도
じゅうどう*	柔道	유도
ラッシュ		러시아워
うちゅう	宇宙	우주
きょく	曲	곡
まいしゅう	毎週	매주
まいつき*	毎月	매월
まいとし* (まいねん)	毎年	매년
このごろ		요즈음
やっと		겨우
かなり		제법
かならず	必ず	꼭, 반드시
ぜったいに	絶対に	절대로
じょうずに	上手に	잘, 능숙하게
できるだけ		되도록, 가능한 한
ほとんど		대부분 (긍정문에서), 거의 (부정문에서)
※ショパン		쇼팽, 폴란드의 음악가 (1810–49)

〈会話〉
お客様　　　　　　　　　　　　　손님 (「おきゃくさん」의 존경어)
特別[な]　　　　　　　　　　　특별하다
して いらっしゃいます　　　　하고 계십니다 (「して います」의 존경어)
水泳　　　　　　　　　　　　　수영
違いますⅠ　　　　　　　　　　다릅니다
使って いらっしゃるんですね。　쓰고 계시는군요. (「つかって いるんですね」의 존경어)
チャレンジしますⅢ　　　　　　도전합니다
気持ち　　　　　　　　　　　　마음

〈読み物〉
乗り物　　　　　　　　　　　　탈것
－世紀　　　　　　　　　　　　－세기
遠く　　　　　　　　　　　　　먼 곳
珍しい　　　　　　　　　　　　희귀하다
汽車　　　　　　　　　　　　　기차
汽船　　　　　　　　　　　　　기선
大勢の ～　　　　　　　　　　많은 ～ (사람에 대해서 사용함)
運びますⅠ　　　　　　　　　　운반합니다
利用しますⅢ　　　　　　　　　이용합니다
自由に　　　　　　　　　　　　자유롭게

II. 번역

문형
1. 빨리 헤엄칠 수 있도록 매일 연습하고 있습니다.
2. 겨우 자전거를 탈 수 있게 되었습니다.
3. 매일 일기를 쓰도록 하고 있습니다.

예문
1. 그것은 전자사전입니까?
   ……네. 모르는 단어가 나오면 곧 찾을 수 있도록 가지고 있습니다.
2. 달력의 빨간 동그라미는 어떤 뜻입니까?
   ……쓰레기를 버리는 날입니다. 잊어버리지 않도록 표시해 놓았습니다.
3. 이제 일본 음식에 익숙해졌습니까?
   ……네. 처음에는 못 먹었는데, 지금은 무엇이든 먹을 수 있게 되었습니다.
4. 쇼팽의 곡을 연주할 수 있게 되었습니까?
   ……아니요, 아직 연주할 수 없습니다.
      빨리 연주할 수 있게 되고 싶습니다.
5. 새로운 길이 생겼군요.
   ……네. 남편의 고향까지 네 시간이면 갈 수 있게 되었습니다.
6. 단것은 먹지 않습니까?
   ……네. 되도록 먹지 않도록 하고 있습니다.
7. 시험은 9시부터입니다. 절대로 늦지 않도록 하십시오. 늦으면 들어가지 못하니까요.
   ……네, 알겠습니다.

회화

매일 운동하도록 하고 있습니다

아나운서 : 여러분 안녕하십니까? 오늘 손님은 올해 80세이신 오가와 요네 씨입니다.
오가와 요네 : 안녕하십니까?
아나운서 : 건강하시군요. 무언가 특별한 관리를 하고 계십니까?
오가와 요네 : 매일 운동하도록 하고 있습니다.
아나운서 : 어떤 운동입니까?
오가와 요네 : 춤이나 수영이나 ...
       요즈음 500미터를 헤엄칠 수 있게 되었습니다.
아나운서 : 대단하시군요. 음식은요?
오가와 요네 : 무엇이든지 먹지만 특히 생선을 좋아합니다.
       매일 다른 요리를 만들도록 하고 있습니다.
아나운서 : 머리와 몸을 잘 쓰고 계시는군요.
오가와 요네 : 네. 내년에 프랑스에 가고 싶다고 생각합니다.
       그래서 프랑스어 공부도 시작하였습니다.
아나운서 : 무엇이든 도전하는 마음이 중요하군요.
       즐거운 이야기를 대단히 감사합니다.

III. 참고 어휘와 정보

健康(けんこう) 건강

いいださん
- 規則正(きそくただ)しい生活(せいかつ)をする
  규칙적인 생활을 한다
- 早寝(はやね)、早起(はやお)きをする
  일찍 자고 일찍 일어난다
- 運動(うんどう)する／スポーツをする
  운동을 한다 / 스포츠를 한다
- よく歩(ある)く
  자주 걷는다
- 好(す)き嫌(きら)いがない
  가리지 않고 잘 먹는다
- 栄養(えいよう)のバランスを考(かんが)えて食(た)べる
  영양 균형을 생각하면서 먹는다
- 健康診断(けんこうしんだん)を受(う)ける
  건강 진단을 받는다

だめださん
- 夜更(よふ)かしをする
  밤 늦게 잔다
- あまり運動(うんどう)しない
  운동을 별로 하지 않는다
- 好(す)き嫌(きら)いがある
  음식을 많이 가린다
- よくインスタント食品(しょくひん)を食(た)べる
  인스턴트 식품을 자주 먹는다
- 外食(がいしょく)が多(おお)い
  외식을 자주 한다
- たばこを吸(す)う
  담배를 피운다
- よくお酒(さけ)を飲(の)む
  술을 자주 마신다

5つ(いつ)の大切(たいせつ)な栄養素(えいようそ)とそれを含(ふく)む食(た)べ物(もの)
5대 영양소와 그것을 포함한 음식

- 炭水化物(たんすいかぶつ) 탄수화물
- いも 고구마, 감자
- のり 김
- カルシウム 칼슘
- 海草(かいそう) 해조류
- とうふ 두부
- たんぱく質(しつ) 단백질
- 豆(まめ) 콩
- 脂肪(しぼう) 지방
- ビタミン 비타민

IV. 문법 해설

1. $\begin{matrix} V_1 \text{ 사전형} \\ V_1 \text{ ない형ない} \end{matrix}\Big\}$ ように、V_2

「ように」는 「~ように」로 표현하는 상태를 만드는 것이 V_2의 목적임을 나타낸다. 「ように」 앞에서는 의지를 나타내지 않는 동사 (예: 가능동사나 「わかります」「みえます」「きこえます」「なります」 등)의 사전형 (①)이나 동사의 부정형 (②)이 사용된다.

① 速く 泳げるように、毎日 練習して います。
  빨리 헤엄칠 수 있도록 매일 연습하고 있습니다.

② 忘れないように、メモして ください。   잊지 않도록 메모를 해 주십시오.

2. $\boxed{\text{V 사전형ように なります}}$

1) 「なります」는 상태의 변화를 나타낸다. 가능동사나 「わかります」「みえます」 등이 사용될 경우에는 「V 사전형ように なります」는 무언가를 할 수 없는 상태에서 할 수 있는 상태로 변화함을 나타낸다.

③ 毎日 練習すれば、泳げるように なります。
  매일 연습하면 헤엄칠 수 있게 됩니다.

④ やっと 自転車に 乗れるように なりました。
  겨우 자전거를 탈 수 있게 되었습니다.

2) 「~ように なりましたか」라는 의문문에 「いいえ」를 사용해서 부정형으로 대답할 경우에는 다음과 같이 말한다.

⑤ ショパンの 曲が 弾けるように なりましたか。
  ……いいえ、まだ 弾けません。
  쇼팽의 곡을 연주할 수 있게 되었습니까?
  ……아니요, 아직 연주할 수 없습니다.

[주] 주교재(本冊)에서는 다루지 않았으나 2의 문형에 가능동사나 「わかります」「みえます」 이외의 동사가 사용되면, 전에는 없었던 습관이 새로 몸에 배었다(⑥)는 뜻이 된다.

⑥ 日本人は 100年ぐらいまえから 牛肉や 豚肉を 食べるように なりました。
  일본 사람은 100년쯤 전부터 쇠고기와 돼지고기를 먹게 되었습니다.

3. $\begin{matrix} V \text{ 사전형} \\ V \text{ ない형ない} \end{matrix}\Big\}$ ように します

1) ~ように して います
어떤 행동을 습관적으로 하려고 노력하고 있음을 나타낸다.

⑦ 毎日 運動して、何でも 食べるように して います。
  매일 운동하고 무엇이든 먹도록 하고 있습니다.

⑧ 歯に 悪いですから、甘い 物を 食べないように して います。
  이에 좋지 않으니까 단것을 먹지 않도록 하고 있습니다.

2) ～ように して ください

어떤 행동이 성립되도록 노력할 것을 의뢰하는 표현이다.「～て／～ないで ください」가 직접적인 의뢰 표현인데 반하여,「～ように して ください」는 간접적인 표현이므로,「～て／～ないで ください」보다 정중한 표현이 된다. 아래와 같이 사용한다.

⑨　もっと 野菜を 食べるように して ください。
　　야채를 더 많이 먹도록 하십시오.

⑩　絶対に パスポートを なくさないように して ください。
　　절대로 여권을 잃어버리지 않도록 하십시오.

[주]「～ように して ください」는 바로 그 자리에서 어떤 행동을 해 달라고 의뢰할 때는 사용할 수 없다.

⑪　すみませんが、塩を 取って ください。
　　미안하지만 소금을 집어 주십시오.

　　×すみませんが、塩を 取るように して ください。

4. 早い→早く　　上手な→上手に

형용사가 다른 형용사나 동사를 수식할 경우에는 い형용사는「～く」, な형용사는「～に」형태로 바뀐다.

⑫　早く 上手に お茶が たてられるように なりたいです。
　　빨리 차를 잘 끓일 수 있게 되고 싶습니다.

제 37 과

I. 어휘

ほめますⅡ	褒めます	칭찬합니다
しかりますⅠ		꾸짖습니다, 야단칩니다
さそいますⅠ	誘います	권유합니다
しょうたいしますⅢ	招待します	초대합니다
たのみますⅠ	頼みます	부탁합니다
ちゅういしますⅢ	注意します	주의합니다
とりますⅠ		훔칩니다
ふみますⅠ	踏みます	밟습니다
こわしますⅠ	壊します	헙니다
よごしますⅠ	汚します	더럽힙니다
おこないますⅠ	行います	개최합니다, 실시합니다
ゆしゅつしますⅢ	輸出します	수출합니다
ゆにゅうしますⅢ	輸入します	수입합니다
ほんやくしますⅢ	翻訳します	번역합니다
はつめいしますⅢ	発明します	발명합니다
はっけんしますⅢ	発見します	발견합니다
こめ*	米	쌀
むぎ	麦	보리, 밀
せきゆ	石油	석유
げんりょう	原料	원료
インスタントラーメン		인스턴트 라면
デート		데이트
どろぼう	泥棒	도둑
けいかん	警官	경찰관
せかいじゅう	世界中	전세계
〜じゅう	〜中	〜 중
−せいき	−世紀	−세기
なにご	何語	무슨 언어
だれか		누군가
よかったですね。		잘됐군요.
※オリンピック		올림픽
※ワールドカップ		월드컵
※東大寺(とうだいじ)		도다이지 (나라현 나라시에 있는 절)
※大仏(だいぶつ)		대불, 큰 불상
※江戸時代(えどじだい)		에도 시대 (1603−1868)
※ポルトガル		포르투갈
※サウジアラビア		사우디아라비아

※ロシア　　　　　　　　　　　러시아

〈会話〉
皆様（みなさま）　　　　　　　여러분 (「みなさん」의 존경어)
焼けますⅡ［うちが～］（や）　불탑니다 [집이 ～]
その後（ご）　　　　　　　　　그 후
世界遺産（せかいいさん）　　　세계 유산
～の 一つ（ひと）　　　　　　 ～ 중의 하나
金色（きんいろ）　　　　　　　금색, 황금색
本物（ほんもの）　　　　　　　진짜
金（きん）　　　　　　　　　　금
ーキロ　　　　　　　　　　　　ー킬로
美しい（うつく）　　　　　　　아름답다

〈読み物〉（よみもの）
豪華［な］（ごうか）　　　　　호화스럽다
彫刻（ちょうこく）　　　　　　조각, 조각품
言い伝え（いつた）　　　　　　전설
眠りますⅠ（ねむ）　　　　　　잡니다, 잠듭니다
彫りますⅠ（ほ）　　　　　　　새깁니다
仲間（なかま）　　　　　　　　동지, 동업자
しかし　　　　　　　　　　　　그러나
その あと　　　　　　　　　　그 후
一生懸命（いっしょうけんめい）　열심히
ねずみ　　　　　　　　　　　　쥐
一匹も いません。（いっぴき）　한 마리도 없습니다.

※東照宮（とうしょうぐう）　　도치기현 닛코에 있는 도쿠가와 이에야스를 모신 신사
※眠り猫（ねむ ねこ）　　　　　잠자는 고양이 (조각품의 이름)
※左甚五郎（ひだりじんごろう）　에도 시대의 유명한 조각가 (1594－1651)

II. 번역

문형
1. 어렸을 때 어머니에게 자주 꾸중 들었습니다.
2. 러시아워 전철 안에서 발을 밟혔습니다.
3. 호류지는 607년에 세워졌습니다.

예문
1. 오늘 아침 부장님에게 불려나갔었습니다.
   ……무슨 일이 있었습니까?
   출장 리포트 쓰는 방법에 대해서 주의를 받았습니다.
2. 무슨 일입니까?
   ……누군가가 우산을 잘못 가져갔습니다.
3. 또 새로운 별이 발견되었습니다.
   ……그렇습니까?
4. 올해 세계 어린이 회의는 어디서 열립니까?
   ……히로시마에서 열립니다.
5. 맥주는 보리로 만들어집니다. 이것이 원료인 보리입니다.
   ……이것이 맥주가 되는군요.
6. 브라질에서는 무슨 언어가 사용되고 있습니까?
   ……포르투갈어가 사용되고 있습니다.

회화

긴카쿠지는 14세기에 세워졌습니다

가이드 : 여러분, 저것이 유명한 긴카쿠지입니다.
  긴카쿠지는 14세기에 세워졌습니다.
  1950년에 한번 불타 버렸습니다만, 그 후 새로운 건물이 세워지고, 1994년에 세계 유산이 되었습니다. 교토에서 인기가 있는 절 중의 하나입니다.
카리나 : 아름답군요. 벽이 황금색인데 진짜 금입니까?
가이드 : 네. 금이 20킬로그램 정도 사용되었습니다.
카리나 : 그렇습니까? 그 안에 들어갈 수 있습니까?
가이드 : 안에는 들어가지 못합니다.
  연못 주위를 걸어가면서 보십시오.
  ……………………………………………………
카리나 : 단풍이 아름답군요.
가이드 : 네. 긴카쿠지는 단풍과 눈의 계절이 특히 아름답다고 합니다.

III. 참고 어휘와 정보

事故・事件　사고, 사건

IV. 문법 해설

1. 수동동사

		수동동사	
		정중형	보통형
I	かきます	かかれます	かかれる
II	ほめます	ほめられます	ほめられる
III	きます	こられます	こられる
	します	されます	される

(주교재(本冊) 제37과 연습 A 1 참조)

수동동사는 II 그룹 동사로서 활용한다.
예: かかれます　かかれる　かかれ(ない)　かかれて

2. N₁(사람₁)は N₂(사람₂)に 수동동사

사람₂가 사람₁에 대해 취한 행위를 그 행위의 대상이 된 사람₁의 입장에서 표현하는 문형이다.
사람₁을 주제로 삼고 동작주(사람₂)는 조사「に」를 붙여서 표시한다.

　　先生が わたしを 褒めました。　　선생님이 저를 칭찬하였습니다.
① わたしは 先生に 褒められました。　저는 선생님에게서 칭찬 받았습니다.
　　母が わたしに 買い物を 頼みました。
　　어머니가 저에게 쇼핑할 것을 부탁했습니다.
② わたしは 母に 買い物を 頼まれました。
　　저는 어머니에게 쇼핑할 것을 부탁 받았습니다.

동작주는 사람 이외의 움직이는 것(동물이나 자동차 등)인 경우도 있다.
③ わたしは 犬に かまれました。　　저는 개에게 물렸습니다.

3. N₁(사람₁)は N₂(사람₂)に N₃を 수동동사

사람₂가 사람₁의 소유물 등(N₃)에 대해 어떤 행위를 하고, 그 행위를 사람₁(소유자)이 대부분의 경우 달갑지 않게 여기고 있음을 나타낸다.

　　弟が わたしの パソコンを 壊しました。
　　남동생이 제 PC를 고장 냈습니다.
④ わたしは 弟に パソコンを 壊されました。
　　저는 남동생에 의해서 PC가 고장 나는 일을 당했습니다.

동작주는 사람 이외의 움직이는 것(동물이나 자동차 등)인 경우도 있다.
⑤ わたしは 犬に 手を かまれました。　저는 개에게 손을 물렸습니다.

[주1] 주제로 삼는 것은 소유물이 아니라 그 행위를 달갑지 않게 여기고 있는 사람(소유자)이다. 예를 들어 ④는 「わたしの パソコンは おとうとに こわされました」라고 바꾸어 말할 수는 없다.

[주2] 이 문형은 대부분의 경우 행위를 당한 사람이 그 행위를 달갑지 않게 여기고 있다는 뜻이 되므로 주의가 필요하다. 상대가 해 준 일에 대해서 감사할 때는「~て もらいます」를 사용한다.

　　×わたしは 友達に 自転車を 修理されました。
⑥　わたしは 友達に 自転車を 修理して もらいました。
　　저는 친구가 자전거를 수리해 주었습니다.

4. N(물건/일)が/は 수동동사

어떤 일을 서술할 때 행위를 하는 사람을 특별히 문제 삼지 않을 경우에는, 사물이나 일을 주어/주제로 하고 수동동사를 사용해서 표현하는 일이 있다.

⑦　大阪で 展覧会が 開かれました。
　　오사카에서 전람회가 열렸습니다.
⑧　電話は 19世紀に 発明されました。
　　전화는 19세기에 발명되었습니다.
⑨　この 本は 世界中で 読まれて います。
　　이 책은 전세계에서 읽히고 있습니다.

5. Nから/Nで つくります

물건을 만드는 일을 표현할 때는 그 원료는「から」로, 재료는「で」로 표시한다.

⑩　ビールは 麦から 造られます。
　　맥주는 보리로 만들어집니다.
⑪　昔 日本の 家は 木で 造られました。
　　옛날 일본 가옥은 나무로 만들어졌습니다.

6. N₁の N₂

⑫　ビールは 麦から 造られます。　　　맥주는 보리로 만들어집니다.
　　これが 原料の 麦です。　　　　　　이것이 원료인 보리입니다.

⑫의「げんりょうの むぎ」는 원료가 보리라는 뜻이다. 다른 예로「ペットの いぬ」(제39과),「むすこの ハンス」(제43과) 등이 있다.

7. この/その/あの N(위치)

「うえ」「した」「なか」「となり」「ちかく」와 같은 위치를 나타내는 명사에「この」「その」「あの」가 붙어서 지시사가 가리키는 사물과의 위치 관계를 나타낸다.

⑬　あの 中に 入れますか。　　　　　저 안에 들어갈 수 있습니까?

⑬의「あの なか」는「あの たてものの なか」라는 뜻이다.

제 38 과

I. 어휘

さんかします Ⅲ [りょこうに〜]	参加します [旅行に〜]	참가합니다 [여행에 〜]
そだてます Ⅱ	育てます	키웁니다, 기릅니다
はこびます Ⅰ	運びます	나릅니다, 운반합니다
にゅういんします Ⅲ	入院します	입원합니다
たいいんします Ⅲ	退院します	퇴원합니다
いれます Ⅱ* [でんげんを〜]	入れます [電源を〜]	켭니다 [전원을 〜]
きります Ⅰ [でんげんを〜]	切ります [電源を〜]	끕니다 [전원을 〜]
かけます Ⅱ [かぎを〜]	掛けます	잠급니다 [잠금장치를 〜]
つきます Ⅰ [うそを〜]		합니다 [거짓말을 〜]

| きもちが いい | 気持ちが いい | 기분이 좋다 |
| きもちが わるい* | 気持ちが 悪い | 기분이 좋지 않다, 속이 좋지 않다 |

| おおきな 〜 | 大きな 〜 | 큰 〜 |
| ちいさな 〜 | 小さな 〜 | 작은 〜 |

| あかちゃん | 赤ちゃん | 아기 |

| しょうがっこう | 小学校 | 소학교 (초등학교) |
| ちゅうがっこう* | 中学校 | 중학교 |

えきまえ	駅前	역 앞
かいがん	海岸	바닷가
こうじょう	工場	공장
むら	村	마을

| かな | | 가나 |

| ゆびわ | 指輪 | 반지 |

| でんげん | 電源 | 전원 |

| しゅうかん | 習慣 | 습관 |
| けんこう | 健康 | 건강 |

| 〜せい | 〜製 | 〜제 |

| おととし | | 재작년 |

[あ、] いけない。	[아,] 안되겠다. (무언가를 잘못했거나 실수를 했을 때 사용함)
おさきに [しつれいします]。　お先に [失礼します]。	먼저 실례하겠습니다.
※原爆ドーム	히로시마 원자탄 투하를 기념하는 돔
※出雲大社	시마네현 이즈모시에 있는 신사
※チェンマイ	치앙마이 (타이의 도시)

〈会話〉

回覧	회람
研究室	연구실
きちんと	가지런히
整理します Ⅲ	정리합니다
方法	방법
～と いう	～라고 하는
一冊	一권 (책 등을 셀 때 사용하는 조수사)
はんこ	도장
押します Ⅰ [はんこを～]	찍습니다 [도장을 ～]

〈読み物〉

双子	쌍둥이
姉妹	자매
5年生	5학년생
似て います Ⅱ	닮습니다
性格	성격
おとなしい	얌전하다
優しい	다정하다, 상냥하다
世話を します Ⅲ	돌봅니다
時間が たちます Ⅰ	시간이 지납니다
大好き[な]	매우 좋아하다
一点	一점
気が 強い	기가 세다
けんかします Ⅲ	싸웁니다
不思議[な]	이상하다, 불가사의하다
年齢	나이, 연령
しかた	방법

II. 번역

문형
1. 그림을 그리는 것은 즐겁습니다.
2. 저는 별을 보는 것을 좋아합니다.
3. 지갑을 가지고 오는 것을 잊어버렸습니다.
4. 제가 일본에 온 것은 작년 3월입니다.

예문
1. 일기를 계속 쓰고 있습니까?
   ……아니요, 3일만에 그만두고 말았습니다.
      시작하는 것은 쉽지만 계속하는 것은 어렵군요.
2. 뜰이 아름답군요.
   ……감사합니다. 남편은 꽃을 키우는 것을 잘합니다.
3. 도쿄는 어떻습니까?
   ……사람이 많군요. 게다가 모두 걷는 것이 빠르군요.
4. 아, 안되겠다.
   ……왜 무슨 일이 있었습니까?
   차 창문을 닫는 것을 잊어버렸습니다.
5. 미야자키 씨 집에 아기가 태어났다는 것을 알고 있습니까?
   ……아니요, 몰랐습니다. 언제요?
   한 달쯤 전입니다.
6. 처음 좋아했던 사람에 대해 기억하고 있습니까?
   ……네. 처음 만난 것은 소학교 교실입니다. 상대는 음악 선생님이었습니다.

회화

정리하는 것을 좋아합니다

대학 직원 : 와트 선생님, 회람입니다.
와트 :   아, 감사합니다. 거기에 놓아 두십시오.
대학 직원 : 선생님 연구실은 항상 깨끗하군요.
와트 :   저는 정리하는 것을 좋아합니다.
대학 직원 : 책도 가지런히 꽂혀 있고...
          정리하는 것을 잘하시는군요.
와트 :   이전에 "잘 정리하는 방법"이라는 책을 쓴 적이 있습니다.
대학 직원 : 와, 대단하시군요.
와트 :   별로 팔리지는 않았지만요.
          괜찮으시면 한 권 가지고 올까요?
          ……………………………………………
대학 직원 : 안녕하십니까?
와트 :   아, 책을 가지고 오는 것을 잊어버렸습니다. 미안합니다.
대학 직원 : 괜찮습니다. 그런데 회람에 도장 찍는 것을 잊지 마십시오. 지난달에
          도 찍지 않으셨습니다.

III. 참고 어휘와 정보

位置 위치

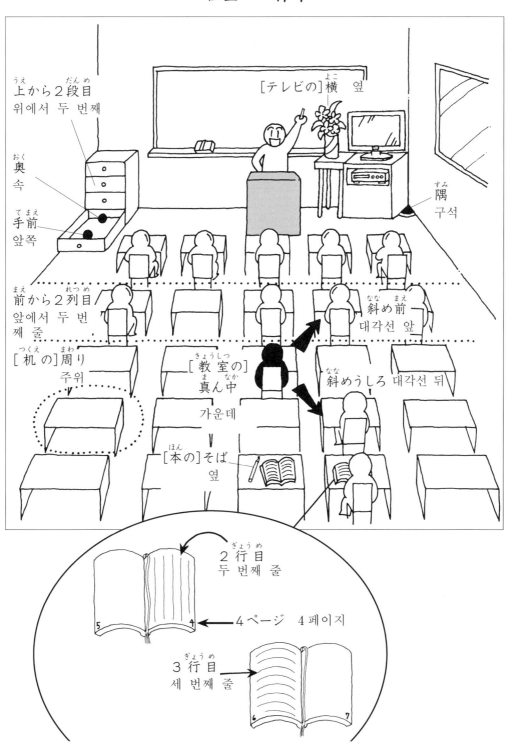

IV. 문법 해설

1. 명사화하는 「の」

「の」에는 여러 가지 표현을 명사화하는 기능이 있다. 「の」가 붙는 동사, 형용사, 명사는 정중형이 아니라 보통형이다. 명사화된 표현은 아래와 같이 문장의 여러 요소가 된다.

2. V 사전형のは adj です

① テニスは おもしろいです。　　　　　테니스는 재미있습니다.
② テニスを するのは おもしろいです。　테니스를 하는 것은 재미있습니다.
③ テニスを 見るのは おもしろいです。　테니스를 보는 것은 재미있습니다.

「V 사전형の」에 「は」를 붙여서 주제로 삼는 문형이다. 이 문형에 잘 사용되는 형용사에는 「むずかしい」「やさしい」「おもしろい」「たのしい」「たいへん[な]」 등이 있다.
①처럼 「の」를 사용하지 않는 문장에 비하여 「の」를 사용한 ②③은 구체적으로 '테니스를 하는 것', '테니스를 보는 것'이 재미있다고 말하는 것이다.

3. V 사전형のが adj です

④ わたしは 花が 好きです。　　　　　저는 꽃을 좋아합니다.
⑤ わたしは 花を 育てるのが 好きです。
　저는 꽃을 키우는 것을 좋아합니다.
⑥ 東京の 人は 歩くのが 速いです。
　도쿄 사람들은 걷는 것이 빠릅니다.

「V 사전형の」가 형용사의 대상이 되어 있다. 이 문형에 잘 사용되는 형용사에는 기호, 기능, 능력을 나타내는 형용사, 예를 들어 「すき[な]」「きらい[な]」「じょうず[な]」「へた[な]」「はやい」「おそい」 등이 있다.

4. V 사전형のを 忘れました　　～는 것을 잊어버렸습니다

⑦ かぎを 忘れました。　　　　　　　열쇠를 잊어버렸습니다.
⑧ 牛乳を 買うのを 忘れました。　　　우유를 사는 것을 잊어버렸습니다.
⑨ 車の 窓を 閉めるのを 忘れました。
　차 창문을 닫는 것을 잊어버렸습니다.

「V 사전형の」가 を격이 된 예이다. 잊어버린 내용을 구체적으로 설명하고 있다.

5. | V 보통형のを 知って いますか | ~는 것을 알고 있습니까?

「V 보통형の」가 を격이 된 예이다. 구체적인 내용에 대해서 그것을 알고 있는지 물어볼 때 사용한다.

⑩ 鈴木さんが 来月 結婚するのを 知って いますか。
   스즈키 씨가 다음달에 결혼하는 것을 알고 있습니까?

[주] 「しりません」과 「しりませんでした」의 차이점

⑪ 木村さんに 赤ちゃんが 生まれたのを 知って いますか。
   ……いいえ、知りませんでした。
   기무라 씨 집에 아기가 태어났다는 것을 알고 있습니까?
   ……아니요, 몰랐습니다.

⑫ ミラーさんの 住所を 知って いますか。
   ……いいえ、知りません。
   밀러 씨 주소를 알고 있습니까?
   ……아니요, 모릅니다.

⑪은 청자는 질문을 받을 때까지 '아기가 태어났다'는 정보를 가지고 있지 않았는데 질문을 듣고 그 정보를 얻었기 때문에 「しりませんでした」라고 대답하고 있다. 한편 ⑫는 질문을 받기 전에도 그 질문을 받은 후에도 정보를 얻지 못했기 때문에 「しりません」라고 대답하고 있다.

6. | V   보통형 |
   | い-adj   보통형 | のは N₂ です
   | な-adj   ~だ→~な |
   | N₁   ~だ→~な |

이 문형은 N₂를 강조하는 표현이다.

⑬ 初めて 会ったのは いつですか。
   ……3年まえです。
   처음 만난 것은 언제입니까?
   ……3년 전입니다.

⑬에서 화자가 듣고 싶은 것은 처음 만난 일에 관해서 그것이 언제인가 하는 것이다.

이 문형은 ⑭와 같이 상대가 말한 것을 수정할 경우에 잘 사용한다.

⑭ バンコクで 生まれたんですか。
   ……いいえ、生まれたのは チェンマイです。
   방콕에서 태어났습니까?
   ……아니요, 태어난 곳은 치앙마이입니다.

「~のは」앞의 문장의 주체는 「は」가 아니라 「が」로 표시한다.

⑮ 父が 生まれたのは 北海道の 小さな 村です。
   아버지가 태어난 곳은 홋카이도의 작은 마을입니다.

제 39 과

I. 어휘

こたえますⅡ [しつもんに〜]	答えます [質問に〜]	대답합니다 [질문에 〜]
たおれますⅡ [ビルが〜]	倒れます	무너집니다 [빌딩이 〜]
とおりますⅠ [みちを〜]	通ります [道を〜]	지나갑니다 [길을 〜]
しにますⅠ	死にます	죽습니다
びっくりしますⅢ		깜짝 놀랍니다
がっかりしますⅢ		실망합니다
あんしんしますⅢ	安心します	안심합니다
けんかしますⅢ		싸웁니다
りこんしますⅢ	離婚します	이혼합니다
ふとりますⅠ	太ります	살찝니다
やせますⅡ*		살이 빠집니다, 야윕니다
ふくざつ[な]	複雑[な]	복잡하다
じゃま[な]	邪魔[な]	거추장스럽다
かたい	硬い	굳다, 질기다
やわらかい*	軟らかい	부드럽다
きたない	汚い	더럽다
うれしい		기쁘다
かなしい	悲しい	슬프다
はずかしい	恥ずかしい	부끄럽다
しゅしょう	首相	수상
じしん	地震	지진
つなみ	津波	해일
たいふう	台風	태풍
かみなり	雷	벼락
かじ	火事	화재
じこ	事故	사고
ハイキング		하이킹
[お]みあい	[お]見合い	맞선
そうさ	操作	조작 (〜します: 조작합니다, 다룹니다)
かいじょう	会場	회장
〜だい	〜代	〜 값
〜や	〜屋	〜 가게 사람
フロント		프런트
ーごうしつ	ー号室	ー호실

タオル		타월, 수건
せっけん		비누
おおぜい	大勢	(사람들이) 많이
おつかれさまでした。	お疲れさまでした。	수고했습니다. (동료나 부하에게 말하는 위로의 표현)
うかがいます。	伺います。	찾아뵙겠습니다. (「いきます」의 겸양어)

〈会話〉
途中で	도중에
トラック	트럭
ぶつかりますⅠ	부딪칩니다

〈読み物〉
大人	어른
しかし	그러나
また	또한
洋服	양복
西洋化しますⅢ	서양화됩니다
合いますⅠ	맞습니다
今では	지금은
成人式	성인식
伝統的[な]	전통적이다

II. 번역

문형
1. 뉴스를 듣고 깜짝 놀랐습니다.
2. 지진으로 빌딩이 무너졌습니다.
3. 몸 상태가 좋지 않으니까 병원에 갑니다.

예문
1. 맞선은 어땠습니까?
 ……사진을 보았을 때는 멋진 사람이라고 생각했는데, 만나서 실망했습니다.
2. 이번 토요일에 다 같이 하이킹을 가는데 같이 가지 않겠습니까?
 ……미안합니다. 토요일은 일정이 안 맞아서 갈 수 없습니다.
3. 어제 영화는 어땠습니까?
 ……이야기가 복잡해서 잘 이해할 수 없었습니다.
4. 늦어서 미안합니다.
 ……무슨 일이 있었습니까?
 사고로 버스가 늦었습니다.
5. 한잔하러 가지 않겠습니까?
 ……미안합니다. 볼일이 있으니까 먼저 실례하겠습니다.
 그렇습니까? 수고했습니다.
6. 요즈음 요를 깔고 자는데 편리하네요.
 ……침대는 어떻게 했습니까?
 방이 좁아 거추장스러워서 친구에게 주었습니다.

회화

늦어서 미안합니다

밀러 : 과장님, 늦어서 미안합니다.
나카무라 과장 : 밀러 씨, 무슨 일이 있었습니까?
밀러 : 실은 오는 도중에 사고가 나서 버스가 늦어 버렸습니다.
나카무라 과장 : 버스 사고입니까?
밀러 : 아니요. 교차로에서 트럭과 차가 부딪쳐서 버스가 움직이지 않았습니다.
나카무라 과장 : 그건 큰일이었군요.
 연락이 없어서 모두들 걱정했습니다.
밀러 : 전화를 하고 싶었는데 휴대 전화를 집에 두고 와서요... 대단히 미안합니다.
나카무라 과장 : 알겠습니다.
 그럼 회의를 시작합시다.

III. 참고 어휘와 정보

気持ち　기분

IV. 문법 해설

1. ～て(で)、～

제16과, 제34과에서「～て(で)、～」라는 문형을 학습했는데, 여기서는 앞 절의「～て(で)」부분이 원인이나 이유를 나타내고, 앞 절에 의해서 일어난 결과를 뒤의 절에서 나타내는 방법을 학습한다. 뒤의 절에는 의지를 포함하지 않는 표현이나 상태를 나타내는 표현이 온다.

1)
```
V て형
V ない형 なくて
い-adj (～い) → ～くて    }、 ～
な-adj [な] → で
```

뒤의 절에는 주로 다음과 같은 표현이 온다.
(1) 감정을 나타내는 동사, 형용사：「びっくりします」「あんしんします」「こまります」「さびしい」「うれしい」「ざんねん[な]」등

① ニュースを 聞いて、びっくりしました。
　뉴스를 듣고 깜짝 놀랐습니다.
② 家族に 会えなくて、寂しいです。
　가족을 만나지 못해서 섭섭합니다.

(2) 가능이나 상태를 나타내는 동사 및 표현
③ 土曜日は 都合が 悪くて、行けません。
　토요일은 일정이 안 맞아서 못 갑니다.
④ 話が 複雑で、よく わかりませんでした。
　이야기가 복잡해서 잘 이해할 수 없었습니다.
⑤ 事故が あって、バスが 遅れて しまいました。
　사고가 나서 버스가 늦어 버렸습니다.
⑥ 授業に 遅れて、先生に しかられました。
　수업에 늦어서 선생님에게 꾸중 들었습니다.

[주] 뒤의 절에 의지를 포함한 표현(의지, 명령, 권유, 의뢰)을 사용할 경우에는「～から」를 사용한다.
⑦ 危ないですから、機械に 触らないで ください。
　위험하니까 기계에 손 대지 마십시오.
　×危なくて、機械に 触らないで ください。

2) Nで

N은「じこ」「じしん」「かじ」와 같이 자연 현상이나 사건을 나타내는 것이 많이 쓰인다.
⑧ 地震で ビルが 倒れました。　　　지진으로 빌딩이 무너졌습니다.
⑨ 病気で 会社を 休みました。　　　병으로 회사를 쉬었습니다.

2.
```
V      ┐ 보통형        ┐
い-adj  ┘              │
な-adj  ┐ 보통형        ├ ので、~
N      ┘ ~だ→~な      ┘
```

제9과에서 학습한「~から」와 마찬가지로「~ので」도 원인, 이유를 나타낸다. 「ので」는 원래 인과 관계(원인과 결과)를 나타내며, 원인에서 귀결되는 결과를 나타내는 성질을 지니므로, 허가를 구하면서 이유나 변명을 부드럽게 표현하는 데 적합하다.

⑩ 日本語が わからないので、英語で 話して いただけませんか。
　 일본어를 모르니까 영어로 말씀해 주시지 않겠습니까?

⑪ 用事が あるので、お先に 失礼します。
　 볼일이 있으니까 먼저 실례하겠습니다.

3. 途中で

「とちゅうで」는 '어딘가로 이동하는 중의 어느 지점에서'라는 뜻이다. 동사 사전형 또는「Nの」와 같이 사용한다.

⑫ 実は 来る 途中で 事故が あって、バスが 遅れて しまったんです。
　 실은 오는 도중에 사고가 나서 버스가 늦어 버렸습니다.

⑬ マラソンの 途中で 気分が 悪く なりました。
　 마라톤 도중에 속이 안 좋아졌습니다.

제 40 과

I. 어휘

かぞえますⅡ	数えます	셉니다
はかりますⅠ	測ります、量ります	잽니다
たしかめますⅡ	確かめます	확인합니다
あいますⅠ ［サイズが～］	合います	맞습니다 ［사이즈가 ～］
しゅっぱつしますⅢ*	出発します	출발합니다
とうちゃくしますⅢ	到着します	도착합니다
よいますⅠ	酔います	취합니다
うまく いきますⅠ		잘됩니다
でますⅡ ［もんだいが～］	出ます ［問題が～］	나옵니다 ［문제가 ～］
そうだんしますⅢ	相談します	의논합니다, 상담합니다
ひつよう［な］	必要［な］	필요하다
てんきよほう	天気予報	일기 예보
ぼうねんかい	忘年会	망년회
しんねんかい*	新年会	신년회
にじかい	二次会	2차
はっぴょうかい	発表会	발표회
たいかい	大会	대회
マラソン		마라톤
コンテスト		콘테스트
おもて	表	겉
うら*	裏	속
まちがい		잘못, 틀린 곳
きず	傷	흠, 상처
ズボン		바지
［お］としより	［お］年寄り	노인
ながさ*	長さ	길이
おもさ	重さ	무게
たかさ	高さ	높이
おおきさ*	大きさ	크기
［-］びん	［-］便	［-］편
-こ*	-個	-개 (작은 것을 셀 때 사용하는 조수사)
-ほん （-ぽん、-ぼん）	-本	-자루 (긴 것을 셀 때 사용하는 조수사)
-はい （-ぱい、-ばい）*	-杯	-잔 (컵 등에 들어간 마실 것을 셀 때 사용하는 조수사)

－センチ*		－ 센티, － 센티미터
－ミリ*		－ 밀리
－グラム*		－ 그램
～いじょう*	～以上	～ 이상
～いか	～以下	～ 이하
※長崎（ながさき）		나가사키현의 현청 소재지
※仙台（せんだい）		미야기현의 현청 소재지
※JL		일본항공 (Japan Airlines)
※七夕祭り（たなばたまつり）		칠석 축제
※東照宮（とうしょうぐう）		도치기현 닛코에 있는 도쿠가와 이에야스를 모신 신사

〈会話（かいわ）〉

どうでしょうか。	어떻습니까? (「どうですか」의 정중어)
テスト	시험
成績（せいせき）	성적
ところで	그런데
いらっしゃいますⅠ	오십니다 (「きます」의 존경어)
様子（ようす）	모습

〈読み物（よみもの）〉

事件（じけん）	사건
オートバイ	오토바이
爆弾（ばくだん）	폭탄
積みますⅠ（つ）	싣습니다
運転手（うんてんしゅ）	운전 기사
離れた（はな）	떨어진
急に（きゅう）	갑자기
動かしますⅠ（うご）	움직입니다, 운전합니다
一生懸命（いっしょうけんめい）	열심히
犯人（はんにん）	범인
男（おとこ）	남자
手に入れますⅡ（て）（い）	손에 넣습니다, 입수합니다
今でも（いま）	지금도, 여전히

II. 번역

문형
1. JL107편은 몇 시에 도착하는지 알아봐 주십시오.
2. 태풍 9호는 도쿄에 올지 어떨지 아직 알 수 없습니다.
3. 이 옷을 입어 봐도 됩니까?

예문
1. 2차는 어디에 갔습니까?
   ……술에 취해서 어디에 갔는지 전혀 생각 나지 않습니다.
2. 산의 높이는 어떻게 재는지 알고 있습니까?
   ……글쎄요… 인터넷으로 알아봅시다.
3. 우리가 처음 만난 것은 언제였는지 기억합니까?
   ……옛날 일이라서 벌써 잊어버렸습니다.
4. 망년회에 출석할 수 있을지 어떨지 메일로 답장 주십시오.
   ……네, 알겠습니다.
5. 대학에 제출할 서류인데, 잘못이 없는지 어떤지 보아 주시겠습니까?
   ……좋습니다.
6. 나가사키에 간 적이 있습니까?
   ……아직 없습니다. 꼭 한번 가 보고 싶습니다.

회화

친구가 생겼을지 어떨지 걱정입니다

클라라 : 선생님, 한스는 학교에서 어떤지요?
         친구가 생겼을지 어떨지 걱정인데요…
이토 선생님 : 괜찮습니다.
         한스 군은 반에서 매우 인기가 있습니다.
클라사 : 그렇습니까. 안심했습니다.
         공부는 어떻습니까? 한자가 어렵다고 하던데요…
이토 선생님 : 매일 한자 시험을 실시하고 있는데, 한스 군은 성적이 좋습니다.
클라라 : 그렇습니까? 감사합니다.
이토 선생님 : 그런데 곧 운동회가 열리는데요, 한스 군 아버지도 오십니까?
클라라 : 네.
이토 선생님 : 한스 군이 학교에서 어떤 모습인지 꼭 봐 주십시오.
클라라 : 알겠습니다. 앞으로도 잘 부탁합니다.

III. 참고 어휘와 정보

単位・線・形・模様　단위, 선, 모양, 무늬

面積 면적

cm²	平方センチメートル	제곱센티미터
m²	平方メートル	제곱미터
km²	平方キロメートル	제곱킬로미터

長さ 길이

mm	ミリ[メートル]	밀리[미터]
cm	センチ[メートル]	센티[미터]
m	メートル	미터
km	キロ[メートル]	킬로[미터]

体積・容積 부피, 용적

cm³	立方センチメートル	세제곱센티미터
m³	立方メートル	세제곱미터
ml	ミリリットル	밀리리터
cc	シーシー	시시
ℓ	リットル	리터

重さ 무게

mg	ミリグラム	밀리그램
g	グラム	그램
kg	キロ[グラム]	킬로[그램]
t	トン	톤

計算 계산

$1 + 2 - 3 \times 4 \div 6 = 1$

たす	ひく	かける	わる	は(イコール)
더하기	빼기	곱하기	나누기	는(은)

線 선

直線	직선	————
曲線	곡선	〰〰
点線	점선	·········

形 모양

円(丸) / 원 (동그라미)　　三角[形] / 삼각형, 세모꼴　　四角[形] / 사각형, 네모꼴

模様 무늬

縦じま / 세로줄 무늬　横じま / 가로줄 무늬　チェック / 체크 무늬　水玉 / 물방울 무늬　花柄 / 꽃무늬　無地 / 무지, 민무늬

IV. 문법 해설

1.
V	보통형	
い-adj	보통형	か、~
な-adj	보통형	
N	~だ	

이 문형은 의문사를 포함한 의문문을 다른 문장 안에 삽입하는 경우에 사용한다.

① JL107便は 何時に 到着するか、調べて ください。
　JL107편은 몇 시에 도착하는지 알아봐 주십시오.
② 結婚の お祝いは 何が いいか、話して います。
　결혼 축하 선물은 무엇이 좋을지 의논하고 있습니다.
③ わたしたちが 初めて 会ったのは いつか、覚えて いますか。
　우리가 처음 만난 것이 언제였는지 기억합니까?

또한 의문사는 명사이므로 ③과 같이「의문사か」라는 형태가 된다.

2.
V	보통형	
い-adj	보통형	か どうか、~
な-adj	보통형	
N	~だ	

이 문형은 의문사를 포함하지 않는 의문문을 다른 문장 안에 삽입하는 경우에 사용한다.「보통형か」뒤에「どうか」가 필요하므로 주의해야 한다.

④ 忘年会に 出席するか どうか、20日までに 返事を ください。
　망년회에 출석할지 어떨지 20일까지 답장을 주십시오.
⑤ その 話は ほんとうか どうか、わかりません。
　그 이야기는 정말인지 아닌지 모르겠습니다.
⑥ まちがいが ないか どうか、調べて ください。
　잘못이 없는지 어떤지 알아봐 주십시오.

⑥에서「まちがいが あるか どうか」가 아니라「まちがいが ないか どうか」라고 말하는 것은 화자가「まちがいが ない」라는 사실을 확인하고 싶기 때문이다.

3. | Vて형 みます |

이 문형은 시험 삼아 어떤 동작을 한다는 뜻을 나타낸다.

⑦ もう 一度 考えて みます。　　　　다시 한번 생각해 보겠습니다.
⑧ この ズボンを はいて みても いいですか。　이 바지를 입어 봐도 됩니까?
⑨ 北海道へ 行って みたいです。　　홋카이도에 가 보고 싶습니다.

⑨와 같이「~てみたい」를 사용하면「~たい」보다 자신의 희망을 우회적으로 표현할 수 있다.

4. い -adj (～い) → ～さ

い형용사는 어미 「い」를 「さ」로 바꾸어서 명사를 만들 수 있다.

예 : 高い → 高さ　　長い → 長さ　　速い → 速さ

⑩ 山の 高さは どうやって 測るか、知って いますか。
　 산의 높이는 어떻게 재는지 알고 있습니까?

⑪ 新しい 橋の 長さは 3,911 メートルです。
　 새 다리의 길이는 3,911 미터입니다.

5. ～でしょうか

「～でしょう」(제32과)를 ⑫와 같이 의문문에서 사용하면 단정적인 대답을 요구하지 않는 표현이 되므로, 상대에게 부드러운 인상을 줄 수 있다.

⑫ ハンスは 学校で どうでしょうか。
　 한스는 학교에서 어떤지요?

제 41 과

I. 어휘

いただきます I		받습니다 (「もらいます」의 겸양어)
くださいます I		주십니다 (「くれます」의 존경어)
やります I		줍니다 (손아랫사람, 동물, 식물에게)
あげます II	上げます	올립니다
さげます II*	下げます	내립니다
しんせつに します III	親切に します	친절하게 대합니다
かわいい		귀엽다
めずらしい	珍しい	희귀하다
おいわい	お祝い	축하 (〜を します：축하를 합니다), 축하 선물
おとしだま	お年玉	세뱃돈
[お]みまい	[お]見舞い	문병, 위문품
きょうみ	興味	흥미, 관심 ([コンピューターに] 〜が あります：[컴퓨터에] 관심이 있습니다)
じょうほう	情報	정보
ぶんぽう	文法	문법
はつおん	発音	발음
さる	猿	원숭이
えさ		먹이
おもちゃ		장난감
えほん	絵本	그림 책
えはがき	絵はがき	그림엽서
ドライバー		드라이버
ハンカチ		손수건
くつした	靴下	양말
てぶくろ	手袋	장갑
ようちえん	幼稚園	유치원
だんぼう	暖房	난방
れいぼう*	冷房	냉방
おんど	温度	온도
そふ*	祖父	(자신의) 할아버지
そぼ	祖母	(자신의) 할머니
まご	孫	(자신의) 손자

おまごさん	お孫さん	(타인의) 손자
おじ*		(자신의) 큰아버지, 작은아버지, 삼촌, 외삼촌
おじさん*		(타인의) 큰아버지, 작은아버지, 삼촌, 외삼촌
おば		(자신의) 큰어머니, 작은어머니, 고모, 이모
おばさん*		(타인의) 큰어머니, 작은어머니, 고모, 이모
かんりにん	管理人	관리인
～さん		～ 님 (정중함을 나타내기 위하여 직업명이나 직위명에 붙이는 접미사)
このあいだ	この間	지난 번, 지난 번에

〈会話〉

ひとこと		한마디
～ずつ		～씩
二人 (ふたり)		두 사람
お宅 (たく)		댁 (「うち」또는「いえ」의 존경어)
どうぞ お幸 (しあわ) せに。		부디 행복하십시오.

〈読み物〉

昔話 (むかしばなし)		옛날이야기
ある ～		어느 ～
男 (おとこ)		남자, 사나이
子 (こ) どもたち		아이들
いじめますⅡ		괴롭힙니다, 못 살게 굽니다
かめ		거북
助 (たす) けますⅡ		구해 줍니다
優 (やさ) しい		다정하다, 상냥하다
お姫様 (ひめさま)		공주
暮 (く) らしますⅠ		삽니다
陸 (りく)		뭍, 육지
すると		그러자
煙 (けむり)		연기
真 (ま) っ白 (しろ) [な]		새하얗다
中身 (なかみ)		내용물
※浦島太郎 (うらしまたろう)		옛날이야기의 주인공 이름

II. 번역

문형
1. 저는 와트 선생님에게서 책을 받았습니다.
2. 선생님이 제 한자의 틀린 곳을 고쳐 주셨습니다.
   (저는 선생님에게 한자의 틀린 곳을 고침을 받았습니다.)
3. 부장님 부인이 다도를 가르쳐 주셨습니다.
4. 저는 아들에게 종이 비행기를 만들어 주었습니다.

예문
1. 접시가 예쁘군요.
   ……네. 결혼 축하 선물로 다나카 씨가 주셨습니다.
2. 어머니, 원숭이에게 과자를 줘도 돼요?
   ……안 돼. 저기 먹이를 주면 안 된다고 써 있잖아.
3. 스모를 보러 간 적이 있습니까?
   ……네. 지난번에 부장님이 데리고 가 주셨습니다.
      매우 재미있었습니다.
4. 여름 방학 홈스테이는 어땠습니까?
   ……즐거웠습니다. 가족 모두가 매우 친절하게 대해 주셨습니다.
5. 연휴에는 무엇을 합니까?
   ……아이를 디즈니랜드로 데려가 주겠습니다.
6. 새 복사기 사용법을 잘 모르겠는데, 좀 가르쳐 주시지 않겠습니까?
   ……좋습니다.

회화

결혼을 축하합니다

학장 : 와트 씨, 이즈미 씨, 결혼을 축하합니다.
    건배.
모두들 : 건배.
    ....
사회자 : 다음으로 여기 계시는 분들 모두에게 한마디씩 부탁합니다.
마쓰모토 요시코 : 저는 작년 여름 반에서 와트 선생님에게 영어를 배웠습니다. 선생님 수업은 유머가 있어서 즐거웠습니다. 실은 그 반에 이즈미 씨도 있었습니다.
대학 직원 : 저는 선생님에게서 "잘 정리하는 방법"이라는 책을 받았습니다. 선생님은 정리하는 것을 잘 하셔서 연구실은 항상 깨끗합니다. 아마 두 분의 댁도 멋질 거라고 생각합니다.
밀러 : 와트 씨, 다음에는 "멋진 사람과 결혼하는 방법"이라는 책을 써 주시지 않겠습니까?
    꼭 읽고 공부하고 싶습니다. 부디 행복하십시오.

III. 참고 어휘와 정보

便利情報　편리한 정보

貸衣装の「みんなの晴れ着」
옷 대여 '우리들의 나들이옷'

何でもそろいます！！　　新作がいっぱい！！
무엇이든 갖출 수 있습니다　신상품 많음

☎ 03-3812-556×

七五三　7, 5, 3세 어린이의 성장 축하 행사

卒業式　　成人式　　結婚式
졸업식　　성인식　　결혼식

泊まりませんか
숙박하지 않겠습니까?

民宿 三浦
민박 미우라

安い、親切、家庭的な宿
싸고 친절하고 가정적인 숙소

☎ 0585-214-1234

公民館からのお知らせ　주민 회관 안내문

月曜日　월요일　日本料理講習会　일본 요리 강습회
火曜日　화요일　生け花スクール　꽃꽂이 교실
水曜日　수요일　日本語教室　일본어 교실
＊毎月第3日曜日　매달 셋째 일요일　バザー　바자회, 자선회

☎ 0798-72-251×

便利屋　심부름 센터
☎ 0343-885-8854

何でもします！！
무엇이든 하겠습니다

☆家の修理、掃除
　집 수리, 청소
☆赤ちゃん、子どもの世話
　아기, 어린이 돌보기
☆犬の散歩
　개 산책
☆話し相手
　말동무, 대화 상대

レンタルサービス
대여 서비스

何でも貸します！！
무엇이든 빌려 드립니다

・カラオケ　　　　가라오케
・ビデオカメラ　　비디오카메라
・携帯電話　　　　휴대 전화기
・ベビー用品　　　유아 용품
・レジャー用品　　레저 용품
・旅行用品　　　　여행 용품

☎ 0741-41-5151

お寺で体験できます　절에서 체험할 수 있습니다

禅ができます　　　　　좌선을 할 수 있습니다
精進料理が食べられます　사찰 음식을 먹을 수 있습니다

金銀寺　☎ 0562-231-2010

IV. 문법 해설

1. 수수 표현

제7과와 제24과에서 물건이나 행위의 수수 표현을 학습했다. 이 과에서는 주는 사람과 받는 사람의 관계를 반영한 수수 표현을 학습한다.

1) N_1(사람)に N_2を いただきます

   화자가 손윗사람(N_1)에게서 물건(N_2)을 받는 경우에는 「もらいます」가 아니라 「いただきます」를 사용한다.

   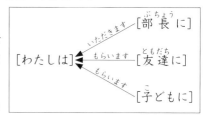

   ① わたしは 社長に お土産を いただきました。
      저는 사장님에게서 여행 기념 선물을 받았습니다.

2) [わたしに] Nを くださいます

   손윗사람이 화자에게 물건을 주는 경우에는 「くれます」가 아니라 「くださいます」를 사용한다.

   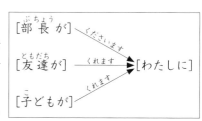

   ② 社長が わたしに お土産を くださいました。
      사장님이 저에게 여행 기념 선물을 주셨습니다.

   [주] 「いただきます」「くださいます」는 받는 사람이 화자의 가족인 경우에도 사용된다.

   ③ 娘は 部長に お土産を いただきました。
      딸은 부장님에게서 여행 기념 선물을 받았습니다.

   ④ 部長が 娘に お土産を くださいました。
      부장님이 딸에게 여행 기념 선물을 주셨습니다.

3) N_1に N_2を やります

   화자가 손아랫사람이나 동식물(N_1)에게 물건(N_2)를 주는 경우에는 「やります」를 사용한다. 단, 최근에는 「やります」보다 정중한 표현이라고 생각해서 「あげます」를 사용하는 사람이 많다.

   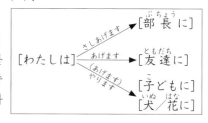

   ⑤ わたしは 息子に お菓子を やりました（あげました）。
      저는 아들에게 과자를 주었습니다.

   ⑥ わたしは 犬に えさを やりました。
      저는 개에게 먹이를 주었습니다.

2. 행위의 수수

행위의 수수를 나타내는 경우에도 「いただきます」「くださいます」「やります」가 사용된다. 아래에 예를 든다.

1) $\boxed{Vて형 \ いただきます}$

   ⑦ わたしは課長に手紙のまちがいを直していただきました。
   과장님이 제 편지의 잘못을 고쳐 주셨습니다.
   (저는 과장님에게 편지의 잘못을 고침을 받았습니다).

2) $\boxed{Vて형 \ くださいます}$

   ⑧ 部長の奥さんが［わたしに］お茶を教えてくださいました。
   부장님 부인이 [저에게] 다도를 가르쳐 주셨습니다.

   ⑨ 部長が［わたしを］駅まで送ってくださいました。
   부장님이 [저를] 역까지 바래다 주셨습니다.

   ⑩ 部長が［わたしの］レポートを直してくださいました。
   부장님이 [제] 리포트를 고쳐 주셨습니다.

3) $\boxed{Vて형 \ やります}$

   ⑪ わたしは息子に紙飛行機を作ってやりました (あげました)。
   저는 아들에게 종이 비행기를 만들어 주었습니다.

   ⑫ わたしは犬を散歩に連れて行ってやりました。
   저는 개를 산책시켜 주었습니다.

   ⑬ わたしは娘の宿題を見てやりました (あげました)。
   저는 딸의 숙제를 보아 주었습니다.

3. $\boxed{Vて형 \ くださいませんか}$

「～てください」보다 더 정중한 의뢰 표현이다. 단, 제26과에서 학습한 「～ていただけませんか」보다는 정중한 정도가 약하다.

⑭ コピー機の使い方を教えてくださいませんか。
복사기 사용법을 가르쳐 주시지 않겠습니까?

⑮ コピー機の使い方を教えていただけませんか。
복사기 사용법을 가르쳐 주시지 않겠습니까? (제26과)

4. $\boxed{Nに \ V}$

아래 예문에 사용된 조사 「に」는 '～의 표시로', '～의 기념으로'라는 뜻을 나타낸다.

⑯ 田中さんが結婚祝いにこのお皿をくださいました。
다나카 씨가 결혼 축하 선물로 이 접시를 주셨습니다.

⑰ 北海道旅行のお土産に人形を買いました。
홋카이도 여행 기념 선물로 인형을 샀습니다.

제 42 과

I. 어휘

つつみますⅠ	包みます	쌉니다, 포장합니다
わかしますⅠ	沸かします	끓입니다
まぜますⅡ	混ぜます	섞습니다
けいさんしますⅢ	計算します	계산합니다
ならびますⅠ	並びます	줄을 섭니다

じょうぶ[な]	丈夫[な]	단단하다

アパート		다가구 주택

べんごし	弁護士	변호사
おんがくか	音楽家	음악가
こどもたち	子どもたち	아이들

しぜん	自然	자연
きょういく	教育	교육
ぶんか	文化	문화
しゃかい	社会	사회
せいじ	政治	정치
ほうりつ	法律	법률

せんそう*	戦争	전쟁
へいわ	平和	평화

もくてき	目的	목적
ろんぶん	論文	논문
たのしみ	楽しみ	기대되는 일

ミキサー		믹서
やかん		주전자
ふた		마개, 뚜껑
せんぬき	栓抜き	병따개, 오프너
かんきり	缶切り	깡통 따개, 오프너
かんづめ	缶詰	통조림
のしぶくろ	のし袋	축의금 봉투
ふろしき		보자기
そろばん		주판
たいおんけい	体温計	체온계
ざいりょう	材料	재료

ある ～		어떤 ～

いっしょうけんめい	一生懸命	열심히

なぜ		왜

どのくらい	얼만큼, 얼마나
※国連(こくれん)	UN, 국제 연합
※エリーゼの ために	엘리제를 위하여
※ベートーベン	베토벤, 독일의 작곡가 (1770–1827)
※こどもニュース	어린이 뉴스 (실제로 존재하지 않는 뉴스)

〈会話(かいわ)〉

出(で)ますⅡ [ボーナスが～]	나옵니다 [보너스가 ～]
半分(はんぶん)	반, 절반
ローン	론, 대출

〈読(よ)み物(もの)〉

カップめん	컵라면
世界初(せかいはつ)	세계 최초
～に よって	～에 의해서
どんぶり	사발
めん	면
広(ひろ)めますⅡ	퍼뜨립니다, 보급시킵니다
市場調査(しじょうちょうさ)	시장 조사
割(わ)りますⅠ	깹니다
注(そそ)ぎますⅠ	붓습니다
※チキンラーメン	인스턴트 라면의 상품명
※安藤百福(あんどうももふく)	일본의 실업가, 발명가 (1910–2007)

II. 번역

문형
1. 앞으로 제 가게를 갖기 위해서 저금하고 있습니다.
2. 이 신발은 산을 걷는 데 좋습니다.

예문
1. 본오도리에 참가하기 위해서 매일 연습하고 있습니다.
   ……그렇습니까? 기대되네요.
2. 왜 혼자서 산에 오릅니까?
   ……혼자가 되어서 사색하기 위해서 산에 갑니다.
3. 건강을 위해서 무언가 하고 있습니까?
   ……아니요. 그런데 다음주부터 매일 아침 달리기를 하려고 생각하고 있습니다.
4. 곡이 아름답군요.
   ……'엘리제를 위하여'입니다. 베토벤이 어떤 여성을 위해서 만든 곡입니다.
5. 이것은 어디에 사용하는 것입니다.
   ……와인 마개를 따는 데 사용합니다.
6. 2, 3일간 출장 가는 데 좋은 가방이 있습니까?
   ……이것은 어떻습니까? PC도 들어가니까 편리합니다.
7. 이 다리는 만드는 데 몇 년 걸렸습니까?
   ……12년 걸렸습니다.

회화

보너스는 어디에 사용합니까?

스즈키 : 하야시 씨, 보너스는 언제 나옵니까?
하야시 : 다음주입니다. 스즈키 씨 회사는요?
스즈키 : 내일입니다. 기대되네요.
하야시 : 네. 스즈키 씨는 어디에 사용합니까?
스즈키 : 먼저 새 자전거를 사고, 그리고 여행을 가고…
오가와 : 저금은 하지 않습니까?
스즈키 : 저는 별로 생각한 적이 없습니다.
하야시 : 저는 절반은 저금할 생각입니다.
스즈키 : 네? 절반이나 저금합니까?
하야시 : 네, 언젠가 영국에 유학하려고 생각하고 있습니다.
오가와 : 허, 독신은 좋군요. 전부 자신을 위해서 사용할 수 있어서. 저는 주택 대출금을 내고, 아이의 교육을 위해서 저금하고 나면 남는 것이 거의 없습니다.

III. 참고 어휘와 정보

事務用品・道具　　사무 용품, 도구

とじる 찍다	挟む／とじる 끼우다, 묶다	留める 꽂다	切る 자르다	
ホッチキス 호치키스, 스테이플러	クリップ 클립	画びょう 압정, 압핀	カッター 커터 칼	はさみ 가위

はる 붙이다			削る 깎다	ファイルする 철하다
セロテープ 스카치테이프	ガムテープ 포장 테이프	のり 풀	鉛筆削り 연필깎이	ファイル 파일

消す 지우다		[穴を]開ける [구멍을] 뚫다	計算する 계산하다	[線を]引く／測る [선을] 긋다／재다
消しゴム 고무지우개	修正液 수정액	パンチ 펀치	電卓 계산기	定規(物差し) 자

切る 자르다, 켜다	[くぎを]打つ [못을] 박다	挟む／曲げる／切る 집다／구부리다／끊다	[ねじを]締める／緩める [나사를] 죄다／풀다
のこぎり 톱	金づち 쇠망치	ペンチ 펜치	ドライバー 드라이버

IV. 문법 해설

1. ┌ V 사전형 ┐
   │ N の   │ ために、～   ～ 위해서
   └─────────┘

「ために」는 목적을 나타낸다. 「Nのために」는 'N에게 이익이 되도록'이라는 뜻으로도 사용된다(④).

① 自分の 店を 持つ ために、貯金して います。
   자신의 가게를 갖기 위해서 저금하고 있습니다.
② 引っ越しの ために、車を 借ります。 이사를 위해서 자동차를 빌립니다.
③ 健康の ために、毎朝 走って います。
   건강을 위해서 매일 아침 달리기를 합니다.
④ 家族の ために、うちを 建てます。 가족을 위해서 집을 짓습니다.

[주1] 유사 표현으로 제36과에서 학습한 「～ように」가 있는데, 「ために」 앞에서는 의지를 나타내는 동사의 사전형이 사용되는 데 반하여, 「ように」 앞에서는 의지를 나타내지 않는 동사의 사전형이나 동사 부정형이 사용된다.
아래 두 문장을 비교하면 ①은 의지를 가지고 '자신의 가게를 갖는 것'을 목적으로 저금을 하고 있다는 뉘앙스가 있는 데 반하여, ⑤는 '결과적으로 자신의 가게를 가질 수 있는 상태가 될 것'을 목적으로 저금을 하고 있다는 뉘앙스가 있다.

① 自分の 店を 持つ ために、貯金して います。
   제 가게를 갖기 위해서 저금하고 있습니다.
⑤ 自分の 店が 持てるように、貯金して います。
   제 가게를 가질 수 있도록 저금하고 있습니다.

[주2] 「なります」에는 의지동사와 무의지동사 양쪽의 용법이 있다.
⑥ 弁護士に なる ために、法律を 勉強して います。
   변호사가 되기 위해서 법률을 공부하고 있습니다.
⑦ 日本語が 上手に なるように、毎日 勉強して います。
   일본어를 잘 할 수 있게 되도록 매일 공부하고 있습니다.(제36과)

2. ┌ V 사전형の ┐
   │ N   │ に ～
   └──────────┘

이 문형은 「つかいます」「いいです」「べんりです」「やくに たちます」「[じかん]が かかります」 등과 함께 써서 그 용도나 목적을 나타낸다.

⑧ この はさみは 花を 切るのに 使います。
   이 가위는 꽃을 자르는 데 사용합니다.
⑨ この かばんは 大きくて、旅行に 便利です。
   이 가방은 커서 여행할 때 편리합니다.
⑩ 電話番号を 調べるのに 時間が かかりました。
   전화번호를 알아보는 데 시간이 걸렸습니다.

3. 수량사 は／も

조사 「は」가 수량사에 붙은 형태는 화자가 예상한 최소 한도를 나타낸다.
조사 「も」가 수량사에 붙은 형태는 화자가 그 수량을 많다고 느끼고 있음을 나타낸다.

⑪ わたしは [ボーナスの] 半分は 貯金する つもりです。
……えっ、半分も 貯金するんですか。
저는 [보너스의] 절반은 저금할 생각입니다.
……네? 절반이나 저금합니까?

4. ～に よって

창조나 발견을 나타내는 동사(예：かきます、はつめいします、はっけんします 등)를 수동형으로 사용하는 경우에는 행위자는「に」가 아니라「に よって」로 표시한다.

⑫ チキンラーメンは 1958年に 安藤百福さんに よって 発明されました。
치킨 라면은 1958년에 안도 모모후쿠 씨에 의해서 발명되었습니다.

제 43 과

I. 어휘

ふえますⅡ 　[ゆしゅつが～]	増えます 　[輸出が～]	늡니다, 늘어납니다 [수출이 ～]
へりますⅠ 　[ゆしゅつが～]	減ります 　[輸出が～]	줍니다, 줄어듭니다 [수출이 ～]
あがりますⅠ 　[ねだんが～]	上がります 　[値段が～]	오릅니다 [값이 ～]
さがりますⅠ* 　[ねだんが～]	下がります 　[値段が～]	내립니다 [값이 ～]
きれますⅡ 　[ひもが～]	切れます	끊어집니다 [끈이 ～]
とれますⅡ 　[ボタンが～]		떨어집니다, 빠집니다 [단추가 ～]
おちますⅡ 　[にもつが～]	落ちます 　[荷物が～]	떨어집니다 [짐이 ～]
なくなりますⅠ 　[ガソリンが～]		떨어집니다 [휘발유가 ～], 잃어버립니다
へん[な]	変[な]	이상하다
しあわせ[な]	幸せ[な]	행복하다
らく[な]	楽[な]	편하다, 쉽다
うまい*		맛있다
まずい		맛없다
つまらない		재미없다, 하찮다
やさしい	優しい	다정하다, 상냥하다
ガソリン		휘발유
ひ	火	불
パンフレット		팸플릿
いまにも	今にも	당장이라도 (변화가 일어나기 직전의 상황을 묘사할 때 사용함)
わあ		와

〈読み物〉

ばら	장미
ドライブ	드라이브
理由(りゆう)	이유
謝(あやま)りますⅠ	사과합니다
知(し)り合(あ)いますⅠ	알게 됩니다

II. 번역

문형
1. 금방이라도 비가 올 것 같습니다.
2. 잠깐 표를 사 오겠습니다.

예문
1. 윗옷의 단추가 떨어질 것 같은데요.
 ……아, 그렇군요. 대단히 감사합니다.
2. 날씨가 따뜻해졌군요.
 ……네, 곧 벚꽃이 필 것 같군요.
3. 독일의 사과 케이크입니다. 어서 드십시오.
 ……와, 맛있어 보이는군요. 잘 먹겠습니다.
4. 이 아르바이트 괜찮아 보이는데요. 급료도 좋고 일도 편해 보이고.
 ……그런데 밤 12시부터 아침 6시까지인데요.
5. 자료가 모자라네요.
 ……몇 장입니까? 즉시 복사해 오겠습니다.
6. 잠깐 나갔다 오겠습니다.
 ……몇 시까지 돌아올 겁니까?
 4시까지 돌아올 겁니다.

회화

매일 즐거워 보입니다

하야시 : 이거 누구 사진입니까?
슈미트 : 제 아들 한스입니다. 운동회 때 찍은 사진입니다.
하야시 : 건강해 보이는군요.
슈미트 : 네. 한스는 발이 빠릅니다.
 일본의 소학교에도 익숙해졌고, 친구도 생겨서, 매일 즐거워 보입니다.
하야시 : 잘됐군요.
 이 분은 부인입니까? 아름답군요.
슈미트 : 감사합니다.
 아내는 여러 가지 일에 흥미를 느껴서 같이 있으면 재미있습니다.
하야시 : 그렇습니까?
슈미트 : 특히 역사를 좋아해서, 시간만 있으면 오래된 동네를 걸어 다니곤 합니다.

III. 참고 어휘와 정보

性格せいかく・性質せいしつ　성격, 성질

あかるい 明るい 밝다	くらい 暗い 어둡다	かっぱつ 活発[な]	활발하다
やさしい 優しい	다정하다, 친절하다	せいじつ 誠実[な]	성실하다
おとなしい	얌전하다	わがまま[な]	제멋대로이다, 천방지축이다
つめたい 冷たい	차갑다, 냉정하다	まじめ[な]　　ふまじめ[な] 성실하다　　　불성실하다	
きびしい 厳しい	엄하다, 엄격하다		
きながい 気が長い	느긋하다	がんこ 頑固[な]	완고하다
きみじかい 気が短い	성미가 급하다	すなお 素直[な]	꾸밈없다, 구김살없다
きつよい　　　きよわい 気が強い　　気が弱い 기가 세다　　소심하다		いじわる 意地悪[な]	심술궂다
		かちき 勝ち気[な]	억척스럽다, 승부욕이 강하다
		しんけいしつ 神経質[な]	신경질적이다

43

IV. 문법 해설

1. ~そうです   ~ㄹ 것 같다

1) Vます형そうです

이 문형은 동사가 나타내는 움직임이나 변화가 일어날 징조를 나타낸다. 그 움직임이나 변화가 일어나는 시기를 나타내는 부사「いまにも」「もうすぐ」「これから」등과 같이 사용할 수 있다.

① 今にも 雨が 降りそうです。   당장이라도 비가 올 것 같습니다.
② もうすぐ 桜が 咲きそうです。   곧 벚꽃이 필 것 같습니다.
③ これから 寒く なりそうです。   앞으로 추워질 것 같습니다.

2) い-adj (~い) / な-adj [な] }そうです

실제로 확인하지는 않았는데 겉모습을 보고 그 성질을 추측해서 말하는 표현이다.

④ この 料理は 辛そうです。   이 요리는 매워 보입니다.
⑤ 彼女は 頭が よさそうです。   그녀는 머리가 좋아 보입니다.
⑥ この 机は 丈夫そうです。   이 책상은 단단해 보입니다.

[주] 타인의 감정을 나타낼 때는 감정을 나타내는 형용사(「うれしい」「かなしい」「さびしい」등)는 그대로 사용할 수 없다.「そうです」를 붙여서 겉모습을 보고 추측해서 말하는 표현법을 사용한다.

⑦ うれしそうですね。
　……ええ、実は きのう 結婚を 申し込まれたんです。
기뻐 보이는데요.
……네, 실은 어제 청혼을 받았습니다.

2. Vて형 来ます

1)「Vて형 きます」는 어딘가에 갔다가 어떤 동작을 하고 돌아온다는 뜻을 나타낸다.

⑧ ちょっと たばこを 買って 来ます。   잠깐 담배를 사 오겠습니다.

⑧은 (1) 담배를 파는 곳에 가고, (2) 거기서 담배를 사고, (3) 먼저 있던 곳으로 돌아온다는 세 가지 동작을 나타내고 있다.

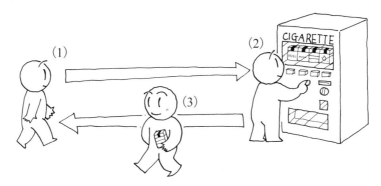

「Vて형」이 나타내는 동작을 하는 장소는 ⑨와 같이 「で」로 표시하는데, 그 장소를 「を」로 표시하는 물건의 출처(물건이 나오는 기점)로 간주하는 경우에는 ⑩과 같이 「から」를 사용한다. 「から」를 사용하는 동사에는 「とって きます」 외에 「もって きます」「はこんで きます」 등이 있다.

⑨ スーパーで 牛乳を 買って 来ます。
　　슈퍼마켓에서 우유를 사 오겠습니다.

⑩ 台所から コップを 取って 来ます。
　　부엌에서 컵을 가지고 오겠습니다.

2) N(장소)へ 行って 来ます

「きます」 앞에 동사 「いきます」의 て형을 사용해서 어딘가에 갔다가 돌아온다는 뜻을 나타낸다. 다녀갔던 장소에서 하는 행위에 대해서 언급하지 않는 경우에 사용한다.

⑪ 郵便局へ 行って 来ます。　　　　우체국에 갔다 오겠습니다.

3) 出かけて 来ます

「きます」 앞에 동사 「でかけます」의 て형을 사용해서 어딘가에 갔다가 돌아온다는 뜻을 나타낸다. 행선지도 목적도 말하는 않는 경우에 사용한다.

⑫ ちょっと 出かけて 来ます。　　　잠깐 나갔다 오겠습니다.

3. Vて형 くれませんか ~어 주지 않겠습니까?

「~て ください」보다 정중한 의뢰 표현인데, 「~て いただけませんか」(제26과)와 「~て くださいませんか」(제41과)만큼 정중하지는 않다. 자신과 동등하거나 손아랫사람에게 사용하는 것이 적절한 표현이다.

⑬ コンビニへ 行って 来ます。
　　……じゃ、お弁当を 買って 来て くれませんか。
　　편의점에 갔다 오겠습니다.
　　……그럼 도시락을 사 와 주지 않겠습니까?

제 44 과

I. 어휘

なきます I	泣きます	웁니다
わらいます I	笑います	웃습니다
ねむります I	眠ります	잠잡니다
かわきます I [シャツが～]	乾きます	마릅니다 [셔츠가 ～]
ぬれます II* [シャツが～]		젖습니다 [셔츠가 ～]
すべります I	滑ります	미끄러집니다
おきます II [じこが～]	起きます [事故が～]	일어납니다 [사고가 ～]
ちょうせつします III	調節します	조절합니다
あんぜん[な]	安全[な]	안전하다
きけん[な]*	危険[な]	위험하다
こい	濃い	진하다 (맛), 짙다 (색)
うすい	薄い	싱겁다 (맛), 옅다 (색), 연하다 (색), 얇다 (두께)
あつい	厚い	두껍다
ふとい	太い	굵다
ほそい*	細い	가늘다
くうき	空気	공기
なみだ	涙	눈물
わしょく	和食	일식
ようしょく	洋食	양식
おかず*		반찬
りょう	量	양
－ばい	－倍	－배
シングル		싱글
ツイン		트윈
せんたくもの	洗濯物	세탁물, 빨래
DVD		디브이디
※ホテルひろしま		실제로 존재하지 않는 호텔

〈会話〉

どう なさいますか。	어떻게 하시겠습니까? (경어)
カット	커트 (머리를 자르는 일)
シャンプー	샴푸 (〜を します：샴푸를 합니다)
どういうふうに なさいますか。	어떤 식으로 하시겠습니까? (경어)
ショート	쇼트커트
〜みたいに して ください。	〜처럼 해 주십시오.
これで よろしいでしょうか。	이러면 좋으시겠는지요? (정중한 말투)
[どうも] お疲れさまでした。	수고하셨습니다 (미용실 직원이 고객에게 말함)

〈読み物〉

嫌がります I	싫어합니다
また	또한
うまく	잘
順序	순서
安心[な]	안심이다
表現	표현
例えば	예를 들어
別れます II	헤어집니다
これら	이것들
縁起が 悪い	재수가 없다

II. 번역

문형
1. 어젯밤 술을 너무 많이 마셨습니다.
2. 이 PC는 사용하기 쉽습니다.
3. 바지를 짧게 해 주십시오.

예문
1. 울고 있습니까?
   ……아니요, 너무 많이 웃어서 눈물이 났습니다.
2. 최근의 자동차는 조작이 쉽군요.
   ……네. 그런데 너무 쉬워서 운전이 재미없습니다.
3. 시골하고 도시하고 어느 쪽이 살기 쉽습니까?
   ……시골이 더 살기 쉽다고 생각합니다.
      물가도 싸고 공기도 깨끗하니까요.
4. 이 컵은 단단해서 좀처럼 깨지지 않습니다.
   ……아이들이 사용하는 데 안전해서 좋군요.
5. 벌써 밤이 늦었으니까 조용히 해 주시지 않겠습니까?
   ……네. 미안합니다.
6. 마실 것은 무엇으로 하겠습니까?
   ……맥주로 하겠습니다.

회화

이 사진처럼 커트해 주십시오

미용사 : 어서 오십시오. 오늘은 어떻게 하시겠습니까?
이   : 커트 좀 부탁합니다.
미용사 : 그럼 샴푸를 할 테니 이쪽으로 오십시오.
         ………………………………………
미용사 : 커트는 어떤 식으로 하시겠습니까?
이   : 쇼트 커트로 하고 싶은데요…
         이 사진처럼 커트해 주십시오.
미용사 : 아, 멋지군요.
         ………………………………………
미용사 : 앞머리 길이는 이 정도면 좋으시겠는지요?
이   : 글쎄요. 조금 더 짧게 해 주십시오.
         ………………………………………
미용사 : 수고하셨습니다.
이   : 고마워요.

III. 참고 어휘와 정보

美容院・理髪店　　미용실, 이발소

カット	커트
パーマ	파마
シャンプー	샴푸
トリートメント	트리트먼트
ブロー	드라이
カラー	염색
エクステ	붙임머리
ネイル	네일
フェイシャルマッサージ	얼굴 마사지
メイク	메이크업
着付け	기모노 착용

耳が見えるくらいに	귀가 나올 정도로
肩にかかるくらいに	어깨에 닿을 정도로
まゆが隠れるくらいに	눈썹이 가려질 정도로
1センチくらい	1센티미터 정도
この写真みたいに	이 사진처럼

切ってください。 잘라 주십시오.

髪をとかす	머리를 빗다
髪を分ける	가르마를 타다
髪をまとめる	머리를 묶다
髪をアップにする	올림머리를 하다
髪を染める	머리를 염색하다
ひげ/顔をそる	수염/면도하다
化粧/メイクする	화장/메이크업하다
三つ編みにする	머리를 세 가닥으로 땋다
刈り上げる	아래에서 위로 쳐서 깎다
パーマをかける	파마를 하다

IV. 문법 해설

1.
```
V ます형
い-adj (～い)    すぎます
な-adj [な]
```

「～すぎます」는 행위나 상태가 지나치다는 뜻을 나타낸다. 일반적으로 그 행위나 상태가 바람직하지 않은 경우에 사용된다.

① ゆうべ お酒を 飲みすぎました。
   어제 술을 너무 많이 마셨습니다.

② この セーターは 大きすぎます。
   이 스웨터는 너무 큽니다.

[주]「～すぎます」는 II 그룹 동사로서 활용한다.
예: のみすぎる   のみすぎ(ない)   のみすぎた

③ 最近の 車は 操作が 簡単すぎて、運転が おもしろくないです。
   최근의 자동차는 조작이 너무 쉬워서 운전이 재미없습니다.

④ いくら 好きでも、飲みすぎると、体に 悪いですよ。
   아무리 좋아해도 너무 많이 마시면 몸에 좋지 않습니다.

2.
```
V ます형  やすいです
          にくいです
```

1) 동사가 의지를 나타내는 동사인 경우「～やすい」는 그 동작을 하는 것이 쉽다는 뜻이 되고,「～にくい」는 그 동작을 하는 것이 어렵다는 뜻이 된다.

⑤ この パソコンは 使いやすいです。   이 PC는 사용하기 쉽습니다.
⑥ 東京は 住みにくいです。   도쿄는 살기 어렵습니다.

⑤는 PC가 쉽게 사용할 수 있는 속성을 지니고 있음을 나타내고, ⑥는 도쿄라는 도시가 사는 데 어려움이 있다는 뜻을 나타낸다.

2) 동사가 의지를 나타내지 않는 동사인 경우「～やすい」는 그 동작이 쉽게 일어남을 나타내고,「～にくい」는 그 동작이 좀처럼 일어나지 않음을 나타낸다.

⑦ 白い シャツは 汚れやすいです。
   흰 샤쓰는 더러워지기 쉽습니다.

⑧ 雨の 日は 洗濯物が 乾きにくいです。
   비 오는 날은 빨래가 좀처럼 마르지 않습니다.

[주]「～やすい」「～にくい」는 い형용사와 같은 활용을 한다.

⑨ この 薬は 砂糖を 入れると、飲みやすく なりますよ。
   이 약은 설탕을 넣으면 마시기 쉬워집니다.

⑩ この コップは 割れにくくて、安全ですよ。
   이 컵은 좀처럼 깨지지 않아서 안전합니다.

3. $$\text{N}_1 \text{を} \begin{Bmatrix} \text{い -adj } (\sim \text{い}) \to \sim \text{く} \\ \text{な -adj } [\text{な}] \to \sim \text{に} \\ \text{N}_2 \text{に} \end{Bmatrix} \text{します}$$

제19과에서 학습한 「～く／～に なります」가 주체의 변화를 나타내는 표현인데 반하여, 「～く／～に します」는 대상(N_1)을 변화시키는 것을 나타내는 표현이다.

⑪ 音を 大きく します。　　　소리를 크게 합니다.
⑫ 部屋を きれいに します。　　방을 깨끗하게 합니다.
⑬ 塩の 量を 半分に しました。　소금 양을 반으로 하였습니다.

4. Nに します

이 문형은 선택이나 결정을 나타낸다.

⑭ 部屋は シングルに しますか、ツインに しますか。
　　방은 싱글로 할까요 트윈으로 할까요?
⑮ 会議は あしたに します。
　　회의는 내일로 하겠습니다.

121

제 45 과

I. 어휘

しんじますⅡ	信じます	믿습니다
キャンセルしますⅢ		취소합니다
しらせますⅡ	知らせます	알립니다
ほしょうしょ	保証書	보증서
りょうしゅうしょ	領収書	영수증
キャンプ		캠핑, 야영
ちゅうし	中止	중지, 취소
てん	点	점수
うめ	梅	매화꽃
110ばん	110番	경찰의 긴급 신고 번호
119ばん	119番	소방서의 긴급 신고 번호
きゅうに	急に	갑자기
むりに	無理に	무리하게
たのしみに して います	楽しみに して います	기대하고 있습니다
いじょうです。	以上です。	이상입니다.

〈会話〉
係員(かかりいん) 담당자
コース コス
スタート 출발, 스타트
一位(い) －위, －등
優勝(ゆうしょう)しますⅢ 우승합니다

〈読(よ)み物(もの)〉
悩(なや)み 고민, 고민거리
目覚(めざ)まし[時計(どけい)] 알람 [시계]
目(め)が覚(さ)めますⅡ 눈을 뜹니다
大学生(だいがくせい) 대학생
回答(かいとう) 회답 (～します：회답합니다)
鳴(な)りますⅠ 울립니다
セットしますⅢ 맞춰 놓습니다
それでも 그래도

II. 번역

문형
1. 카드를 잃어버렸을 경우에는 즉시 카드 회사에 연락하여 주십시오.
2. 약속을 했는데도 그녀는 오지 않았습니다.

예문
1. 지진으로 전철이 멈추었을 경우에는 무리하게 돌아가지 말고 회사에 머무십시오.
   ……네, 알겠습니다.
2. 이것이 이 컴퓨터의 보증서입니다.
   제대로 작동하지 않을 경우에는 이 번호로 연락하여 주십시오.
   ……네, 알겠습니다.
3. 저, 이 도서관에서는 복사료 영수증을 받을 수 있습니까?
   ……네. 필요할 경우에는 말해 주십시오.
4. 화재나 지진이 일어났을 경우에는 절대로 엘리베이터를 이용하지 마십시오.
   ……네, 알겠습니다.
5. 스피치는 잘 했습니까?
   ……아니요. 열심히 연습해서 외웠는데도 도중에서 잊어버렸습니다.
6. 겨울인데도 벚꽃이 피어 있군요.
   ……네? 저건 벚꽃이 아닙니다. 매화입니다.

회화

코스를 잘못 들었을 경우에는 어떻게 하면 됩니까?

담당자 : 여러분, 이 마라톤은 건강 마라톤이니까 무리를 하지 마십시오. 만약에 속이 안 좋아지면 담당자에게 말해 주십시오.
참가자 전원 : 네.
참가자 1 : 저... 코스를 잘못 들었을 경우에는 어떻게 하면 됩니까?
담당자 : 제 코스로 돌아가서 계속 달리십시오.
참가자 2 : 저, 도중에서 그만두고 싶을 경우에는요?
담당자 : 그 경우에는 가까이에 있는 담당자에게 이름을 말하고 귀가하십시오. 이제 출발 시간입니다.
　　　　　…………………………………………………
스즈키 : 밀러 씨, 마라톤은 어땠습니까?
밀러 : 2등이었습니다.
스즈키 : 2등이었습니까? 대단하군요.
밀러 : 아니요, 열심히 연습했는데도 우승하지 못해서 유감입니다.
스즈키 : 내년에도 기회가 있습니다.

III. 참고 어휘와 정보

病院　병원

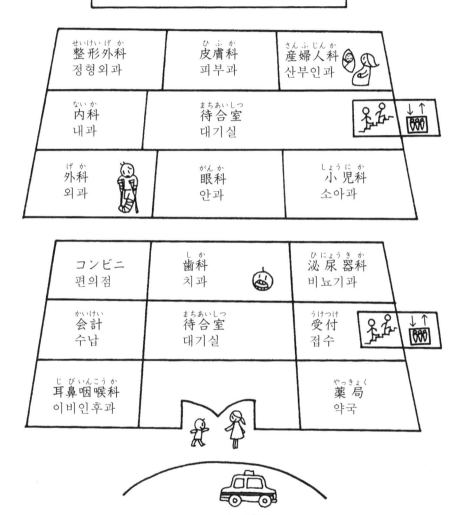

診察する	진찰하다	
検査する	검사하다	
注射する	주사하다	
レントゲンを撮る	엑스레이를 찍다	
入院／退院する	입원／퇴원하다	
手術する	수술하다	
麻酔する	마취하다	

処方箋	처방전
カルテ	진료 기록 카드
保険証	보험증
診察券	진찰권

薬の種類　약의 종류

痛み止め／湿布薬／解熱剤
진통제／습포제 (파스)／해열제

錠剤／粉薬／カプセル
알약／가루약／캡슐

IV. 문법 해설

1.
```
V 사전형
V ない형ない
V た형              } 場合(ばあい)は、～
い-adj(～い)
な-adj な
N の
```

「～ばあい」는 어떤 상황을 상정하는 표현이다. 뒤따르는 문장은 거기에 대한 대처 방법 또는 예상되는 결과를 나타낸다. 접속의 방식은「ばあい」가 명사이므로 명사 수식법과 같다.

① 会議(かいぎ)に 間(ま)に 合(あ)わない 場合(ばあい)は、連絡(れんらく)して ください。
　　회의 시작 시간에 맞출 수 없을 경우에는 연락해 주십시오.
② 時間(じかん)に 遅(おく)れた 場合(ばあい)は、会場(かいじょう)に 入(はい)れません。
　　시간에 늦었을 경우에는 회장에 들어가지 못합니다.
③ パソコンの 調子(ちょうし)が 悪(わる)い 場合(ばあい)は、どう したら いいですか。
　　PC가 제대로 작동하지 않을 경우에는 어떻게 하면 됩니까?
④ 領収書(りょうしゅうしょ)が 必要(ひつよう)な 場合(ばあい)は、言(い)って ください。
　　영수증이 필요할 경우에는 말해 주십시오.
⑤ 火事(かじ)や 地震(じしん)の 場合(ばあい)は、エレベーターを 使(つか)わないで ください。
　　화재나 지진이 일어났을 경우에는 엘리베이터를 이용하지 마십시오.

2.
```
V       }
い-adj  } 보통형
な-adj  } 보통형     } のに、～
N       } ～だ→～な
```

「のに」는 앞 절의 내용에서 예상되는 것과 다른 내용이 뒤의 절에 오는 경우에 사용된다. 대부분의 경우 뜻밖이라는 마음이나 불만이 표현된다.

⑥ 約束(やくそく)を したのに、彼女(かのじょ)は 来(き)ませんでした。
　　약속을 했는데도 그녀는 오지 않았습니다.
⑦ きょうは 日曜日(にちようび)なのに、働(はたら)かなければ なりません。
　　오늘은 일요일인데도 일해야 합니다.

예를 들어 ⑥의 경우는 '약속을 했다'는 앞 절의 내용으로부터 예상되는 '온다'라는 기대가 어긋났다는 마음을 나타내고 있다. ⑦의 경우는 '일요일'이라는 앞 절의 내용에서 '쉴 수 있다'는 결론이 예상되는데도, 실제로는 일해야 하기 때문에「のに」를 사용해서 불만을 나타내고 있다.

[주1] 「～のに」와 「～が」의 차이점
⑥⑦의 「のに」를 「が」로 바꾼 경우에는 뜻밖이라는 마음이나 불만을 나타낼 수 없다.

⑧ 約束を しましたが、彼女は 来ませんでした。
  약속을 했는데 그녀는 오지 않았습니다.

⑨ きょうは 日曜日ですが、働かなければ なりません。
  오늘은 일요일인데 일해야 합니다.

[주2] 「～のに」와 「～ても」의 차이점
「～のに」는 이미 일어난 일에 대한 화자의 마음을 나타내는 것으로, 「～ても」와 같이 가정적인 역접 관계를 나타낼 수는 없다.

⑩ あした 雨が 降っても、サッカーを します。
  내일 비가 와도 축구를 하겠습니다.
  ×あした 雨が 降るのに、サッカーを します。

제 46 과

I. 어휘

わたしますI	渡します	건네줍니다
かえって きますIII	帰って 来ます	돌아옵니다
でますII	出ます	떠납니다 [버스가 ~]
[バスが~]		
とどきますI	届きます	배달됩니다 [짐이 ~]
[にもつが~]	[荷物が~]	
にゅうがくしますIII	入学します	입학합니다 [대학에 ~]
[だいがくに~]	[大学に~]	
そつぎょうしますIII	卒業します	졸업합니다 [대학을 ~]
[だいがくを~]	[大学を~]	
やきますI	焼きます	굽습니다
やけますII	焼けます	
[パンが~]		구워집니다 [빵이 ~]
[にくが~]	[肉が~]	구워집니다 [고기가 ~]
るす	留守	부재중
たくはいびん	宅配便	택배
げんいん	原因	원인
こちら		이쪽
~の ところ	~の 所	~가 있는 곳
はんとし	半年	반년
ちょうど		마침
たったいま	たった今	지금 막 (과거형과 함께 사용하며 완료를 나타냄)
いま いいですか。	今 いいですか。	지금 괜찮습니까?

〈会話〉
ガスサービスセンター	가스 서비스 센터
ガスレンジ	가스레인지
具合	상태
申し訳ありません。	죄송합니다.
どちら様でしょうか。	어디십니까？
お待たせしました。	기다리셨습니다.
向かいますⅠ	향합니다

〈読み物〉
ついて いますⅡ	운이 좋습니다, 재수가 있습니다
床	바닥
転びますⅠ	넘어집니다
ベル	벨, 초인종
鳴りますⅠ	울립니다
慌てて	황급히
順番に	순서대로
出来事	일어난 일, 사건

II. 번역

문형
1. 회의는 지금 시작하려는 참입니다.
2. 그는 3월에 대학을 갓 졸업했습니다.
3. 밀러 씨는 회의실에 있을 것입니다.

예문
1. 여보세요, 다나카인데요, 지금 통화 괜찮습니까?
   ……미안합니다. 지금 전철을 타려는 참입니다.
      이따가 이쪽에서 전화하겠습니다.
2. 고장의 원인을 알았습니까?
   ……아니요, 지금 알아보고 있는 중입니다.
3. 와타나베 씨는 있습니까?
   ……아, 지금 막 퇴근했습니다.
      아직 엘리베이터 쪽에 있을지도 모릅니다.
4. 일은 어떻습니까?
   ……지난달에 회사에 갓 들어와서 아직 잘 모르겠습니다.
5. 이 비디오카메라 지난주에 갓 샀는데 작동하지 않습니다.
   ……그럼 잠깐 보여 주십시오.
6. 밀러 씨는 아직 오지 않았습니까?
   ……아까 역에서 전화가 왔으니까 곧 올 것입니다.

회화
지난주에 갓 수리를 받았는데, 또…

담당자 : 네, 가스 서비스 센터입니다.
타와폰 : 저, 가스레인지가 제대로 작동하지 않는데요…
담당자 : 어떤 상태입니까?
타와폰 : 지난주에 갓 수리를 받았는데, 불이 또 꺼져 버립니다. 위험하니까 즉시 보러 와 주지 않겠습니까?
담당자 : 알겠습니다. 5시경에 갈 수 있을 것입니다.
      주소와 성함을 알려 주십시오.
      ……………………………………………
타와폰 : 여보세요, 5시경에 가스레인지를 보러 오게 되어 있는데 아직 멀었습니까?
담당자 : 죄송합니다. 어디십니까?
타와폰 : 타와폰입니다.
담당자 : 잠시 기다려 주십시오. 담당자에게 연락할 테니까요.
      ……………………………………………
담당자 : 기다리셨습니다. 지금 그쪽으로 향하고 있는 길입니다.
      10분쯤 더 기다려 주십시오.

III. 참고 어휘와 정보

かたかな語のルーツ　　가타카나 단어의 기원

일본어 단어 중에는 많은 외래어가 있는데, 그것을 표기할 때는 가타카나를 사용한다. 외래어는 영어에서 들어온 것이 많은데, 프랑스어, 네덜란드어, 독일어, 포르투갈어 등에서 들어온 것도 있다. 또한 일본에서 만들어진 가타카나 단어도 있다.

	食べ物・飲み物 먹을 것, 마실 것	服飾 복식	医療関係 의료 관련	芸術 예술	その他 기타
英語	ジャム 잼　ハム 햄 クッキー 쿠키 チーズ 치즈	エプロン 앞치마 スカート 스커트 スーツ 슈트, 정장	インフルエンザ 인플루엔자, 유행성 감기 ストレス 스트레스	ドラマ 드라마 コーラス 코러스 メロディー 멜로디	スケジュール 스케줄 ティッシュペーパー 티슈 トラブル 트러블, 말썽 レジャー 레저
フランス語	コロッケ 크로켓 オムレツ 오믈렛	ズボン 바지 ランジェリー 란제리		バレエ 발레 アトリエ 아틀리에	アンケート 앙케이트 コンクール 콩쿠르
ドイツ語	フランクフルト [ソーセージ] 프랑크 소시지		レントゲン 엑스레이 アレルギー 알레르기	メルヘン 메르헨	アルバイト 아르바이트 エネルギー 에너지 テーマ 테마
オランダ語	ビール 맥주 コーヒー 커피	ホック 호크 ズック 즈크, 즈크화	メス 메스 ピンセット 핀셋	オルゴール 오르골	ゴム 고무　ペンキ 페인트 ガラス 유리
ポルトガル語	パン 빵 カステラ 카스텔라	ビロード 비로드, 벨벳 ボタン 단추			カルタ 놀이 딱지
イタリア語	マカロニ 마카로니 パスタ 파스타 スパゲッティ 스파게티			オペラ 오페라	

IV. 문법 해설

1.
```
V 사전형
V て형 いる  } ところです
V た형
```

이 과에서 배우는 「ところ」는 어떤 동작이나 일이 진행되는 국면을 말할 때 사용한다.

1) V 사전형 ところです

동작이 시작하기 직전임을 나타낸다. 「これから」「[ちょうど] いまから」와 같은 부사와 함께 사용하는 일이 많다.

① 昼ごはんは もう 食べましたか。
……いいえ、これから 食べる ところです。
점심은 벌써 먹었습니까?
……아니요, 지금 먹으려는 참입니다.

② 会議は もう 始まりましたか。
……いいえ、今から 始まる ところです。
회의는 벌써 시작되었습니까?
……아니요, 지금 시작하려는 참입니다.

2) V て형 いる ところです

동작이 한창 진행 중임을 나타낸다. 「いま」와 함께 사용하는 일이 많다.

③ 故障の 原因が わかりましたか。
……いいえ、今 調べて いる ところです。
고장의 원인을 알았습니까?
……아니요, 지금 알아보고 있는 중입니다.

3) V た형 ところです

동작이 끝난 직후임을 나타낸다. 「たったいま」와 같은 부사와 함께 사용하는 일이 많다.

④ 渡辺さんは いますか。
……あ、たった今 帰った ところです。
와타나베 씨 있습니까?
……아, 지금 막 퇴근했습니다.

⑤ たった今 バスが 出た ところです。
버스가 지금 막 떠났습니다.

[주] 「~ところです」는 명사문으로서 여러 문형에 접속한다.

⑥ もしもし 田中ですが、今 いいでしょうか。
……すみません。今から 出かける ところなんです。
여보세요, 다나카인데 지금 통화 괜찮습니까?
……미안합니다. 지금 막 나가려는 참입니다.

2. V た형 ばかりです

이 문형도 동작이나 사건이 일어난 후 그다지 시간이 지나지 않았다는 화자의 마음을 나타낸다. 실제로 경과된 시간의 길이에 관계 없이 화자가 그 시간이 짧다고 생각하면 이 문형을 사용할 수 있다.
이 점이 「V た형 ところです」와 다르다.

⑦ さっき 昼ごはんを 食べた ばかりです。
　　방금 점심을 먹었습니다.

⑧ 木村さんは 先月 この 会社に 入った ばかりです。
　　기무라 씨는 지난달에 이 회사에 갓 들어왔습니다.

[주] 「〜ばかりです」는 명사문으로서 여러 문형에 접속한다.

⑨ この ビデオは 先週 買った ばかりなのに、調子が おかしいです。
　　이 비디오 기기는 지난주에 갓 샀는데 작동 상태가 이상합니다.

3.

```
V 사전형
V ない형ない
い-adj(〜い)    } はずです
な-adj な
N の
```

이 문형은 화자가 어떤 근거를 바탕으로 스스로 내린 판단을 확신하고 말할 때 사용한다.

⑩ ミラーさんは きょう 来るでしょうか。
　……来る はずですよ。きのう 電話が ありましたから。
　　밀러 씨는 오늘 올까요?
　　……올 것입니다. 어제 전화가 왔으니까요.

⑩에서는 '어제의 전화'가 판단의 근거이고, 그 근거를 바탕으로 화자 자신이 '밀러 씨는 오늘 올 것'이라고 판단했으며, 그 판단을 확신하고 있음을 「〜はずです」로 나타내고 있다.

제 47 과

I. 어휘

ふきますＩ ［かぜが～］	吹きます［風が～］	붑니다 [바람이 ～]
もえますⅡ ［ごみが～］	燃えます	불탑니다 [쓰레기가 ～]
なくなりますＩ	亡くなります	세상을 떠납니다 (「しにます」의 완곡어)
あつまりますＩ ［ひとが～］	集まります ［人が～］	모입니다 [사람이 ～]
わかれますⅡ ［ひとが～］	別れます ［人が～］	헤어집니다 [사람이 ～]
しますⅢ ［おと／こえが～］ ［あじが～］ ［においが～］	［音／声が～］ ［味が～］	들립니다 [소리가 / 목소리가 ～] 납니다 [맛이 ～] 납니다 [냄새가 ～]
きびしい	厳しい	엄격하다, 고되다
ひどい		엄청나다, 심각하다
こわい	怖い	무섭다
じっけん	実験	실험
データ		데이터
じんこう	人口	인구
におい		냄새
かがく	科学	과학
いがく*	医学	의학
ぶんがく	文学	문학
パトカー		순찰차
きゅうきゅうしゃ	救急車	구급차
さんせい	賛成	찬성
はんたい	反対	반대
だいとうりょう	大統領	대통령
～に よると		～에 의하면 (정보의 출처를 나타냄)

〈会話〉
婚約します Ⅲ　　　　　　　　　　　약혼합니다
どうも　　　　　　　　　　　　　아무래도 (추측의 뜻을 나타낼 때 사용함)
恋人　　　　　　　　　　　　　애인, 연인
相手　　　　　　　　　　　　　상대
知り合います Ⅰ　　　　　　　　알게 됩니다

〈読み物〉
化粧　　　　　　　　　　　　　화장 (～を します：화장을 합니다)
世話を します Ⅲ　　　　　　　돌봅니다, 시중을 듭니다
女性　　　　　　　　　　　　　여성
男性　　　　　　　　　　　　　남성
長生き　　　　　　　　　　　　장수 (～します：오래 삽니다)
理由　　　　　　　　　　　　　이유
関係　　　　　　　　　　　　　관계

II. 번역

문형
1. 일기 예보에 의하면 내일은 추워진다고 합니다.
2. 옆 방에 누가 있는 모양입니다.

예문
1. 신문에서 보았는데 1월에 일본어 웅변 대회가 있다고 합니다. 밀러 씨도 나가 보지 않겠습니까?
 ……글쎄요. 생각해 보겠습니다.
2. 클라라 씨는 어렸을 때 프랑스에 살았다고 합니다.
 ……그래서 프랑스어를 아는군요.
3. 파워 전기의 새 전자사전은 매우 사용하기 쉬워서 좋다고 합니다.
 ……네. 저는 이미 샀습니다.
4. 와트 선생님은 엄격한 선생님이라면서요?
 ……네. 그렇지만 수업은 매우 재미있습니다.
5. 떠들썩한 목소리가 들리는군요.
 ……네. 파티라도 하고 있는 모양입니다.
6. 사람들이 많이 모여 있군요.
 ……사고가 난 모양입니다. 순찰차와 구급차가 와 있습니다.

회화

약혼했다고 합니다

와타나베 : 먼저 실례하겠습니다.
다카하시 : 아, 와타나베 씨, 잠깐만요. 저도 퇴근하겠습니다.
와타나베 : 미안합니다, 조금 급해서요.
 ………………………………………………
다카하시 : 와타나베 씨 요즈음 일찍 퇴근하네요.
 아무래도 애인이 생긴 모양입니다.
하야시 : 아, 몰랐습니까? 지난번에 약혼했다고 합니다.
다카하시 : 네? 누구입니까, 상대는?
하야시 : IMC의 스즈키 씨입니다.
다카하시 : 네? 스즈키 씨요?
하야시 : 와트 씨 결혼식에서 알게 됐다고 합니다.
다카하시 : 그렇습니까?
하야시 : 그런데 다카하시 씨는요?
다카하시 : 저요? 저는 일이 애인입니다.

III. 참고 어휘와 정보

擬音語・擬態語　　의성어, 의태어

IV. 문법 해설

1. |보통형そうです|　～다고 합니다

화자가 다른 곳에서 얻은 정보를 자신의 의견을 더하지 않고 청자에게 전하는 표현이다. 정보의 출처를 표시할 때는 「～に よると」를 문두에 쓴다.

① 天気予報に よると、あしたは 寒く なるそうです。
　　일기 예보에 의하면 내일은 추워진다고 합니다.

② クララさんは 子どもの とき、フランスに 住んで いたそうです。
　　클라라 씨는 어렸을 때 프랑스에 살았다고 합니다.

③ パリは とても きれいだそうです。
　　파리는 매우 아름답다고 합니다.

[주 1] 제43과에서 학습한 「～そうです」와는 의미도 접속법도 다르므로 주의가 필요하다. 아래 예문들을 비교해 보자.

④ 雨が 降りそうです。　　　　비가 올 것 같습니다. (제43과)
⑤ 雨が 降るそうです。　　　　비가 온다고 합니다.
⑥ この 料理は おいしそうです。　이 요리는 맛있어 보입니다. (제43과)
⑦ この 料理は おいしいそうです。　이 요리는 맛있다고 합니다.

[주 2] 「～そうです」(전문)와 「～と いって いました」(제33과)의 차이점

⑧ ミラーさんは あした 京都へ 行くそうです。
　　밀러 씨는 내일 교토에 간다고 합니다.

⑨ ミラーさんは あした 京都へ 行くと 言って いました。
　　밀러 씨는 내일 교토에 가겠다고 말했습니다.

⑨에서는 정보의 출처가 밀러 씨인 데 반하여, ⑧은 그 출처가 밀러 씨가 아닐 경우도 있다.

2.
V	보통형	
い-adj	보통형	ようです
な-adj	보통형 ～だ→～な	
N	보통형 ～だ→～の	

～ 모양입니다

「～ようです」는 화자가 현장의 상황에서 판단한 것을 나타내는 표현이다. '꼭 단정할 수는 없다'라는 뜻을 나타내는 부사「どうも」를 동반하는 일도 있다.

⑩ 人が 大勢 集まって いますね。
　　……事故のようですね。パトカーと 救急車が 来て いますよ。
　　사람들이 많이 모여 있군요.
　　……사고가 난 모양이군요. 순찰차와 구급차가 와 있습니다.

⑪ せきも 出るし、頭も 痛い。どうも かぜを ひいたようだ。
　　기침도 나고 머리도 아프다. 아무래도 감기에 걸린 모양이다.

[주]「～そうです」(제43과)와「～ようです」의 차이점

⑫　ミラーさんは 忙しそうです。　　　　밀러 씨는 바빠 보입니다.

⑬　ミラーさんは 忙しいようです。　　　밀러 씨는 바쁜 모양입니다.

⑫는 단지 밀러 씨의 외견상의 모습을 말한 표현인데 반하여, ⑬는 화자가 어떤 상황('좀처럼 연락을 할 수 없다', '예정된 파티에 오지 않는다' 등)을 근거로 내린 판단을 나타내고 있다.

3. 声／音／におい／味が します

⑭　にぎやかな 声が しますね。　　　　떠들썩한 목소리가 들리는군요.

감각 기관을 통해서 소리, 목소리, 냄새, 맛 등을 느끼고 있음을 나타낸다.

제 48 과

I. 어휘

おろします I	降ろします、下ろします	내립니다
とどけます II	届けます	배달합니다
せわを します III	世話を します	돌봅니다
ろくおんします III	録音します	녹음합니다
いや[な]	嫌[な]	싫다
じゅく	塾	학원
せいと	生徒	학생
ファイル		파일
じゆうに	自由に	자유롭게
~かん	~間	~간, ~동안
いい ことですね。		좋은 일이군요.

〈会話〉

お忙しいですか。 바쁘십니까? (손윗사람에게 말을 걸 때 사용함)

営業 영업
それまでに 그때까지
かまいません。 괜찮습니다.
楽しみますⅠ 즐깁니다

〈読み物〉

親 부모
小学生 소학생 (초등학생)
ーパーセント ー 퍼센트
その次 그 다음
習字 습자, 서예
普通の 보통의, 일상의

II. 번역

문형
1. 아들을 영국으로 유학시킵니다.
2. 딸에게 피아노를 배우게 합니다.

예문
1. 이 축구 교실은 연습이 엄격하다고 하네요?
   ……네, 매일 아이들을 1킬로미터 뛰게 합니다.
2. 슬슬 실례하겠습니다.
   ……아, 잠깐만 기다려 주십시오.
      아들에게 역까지 바래다 드리게 할 테니까요.
3. 한스 군은 학교 공부 외에 무언가 배우고 있습니까?
   ……네, 유도를 하고 싶다고 하니까 유도 교실에 다니게 하고 있습니다.
4. 이토 선생님은 어떤 선생님입니까?
   ……좋은 선생님입니다. 학생에게 좋아하는 책을 읽게 하고, 자유롭게 의견을 말하게 합니다.
5. 미안합니다. 잠깐 여기 차를 세우게 해 주시지 않겠습니까?
   ……좋습니다.

회화

쉬게 해 주시지 않겠습니까?

밀러: 과장님, 지금 바쁘십니까?
나카무라 과장: 아니요, 말씀하십시오.
밀러: 부탁이 좀 있는데요…
나카무라 과장: 무엇입니까?
밀러: 저, 다음달 7일부터 열흘 정도 휴가를 받게 해 주시지 않겠습니까?
나카무라 과장: 10일간입니까?
밀러: 실은 미국의 친구가 결혼하게 되었습니다.
나카무라 과장: 그렇습니까?
      저, 다음달은 20일에 영업 회의가 있는데, 그때까지 돌아올 수 있겠지요?
밀러: 네.
나카무라 과장: 그럼 괜찮습니다. 즐기고 오십시오.
밀러: 감사합니다.

III. 참고 어휘와 정보

しつける・鍛える　　가르치다, 훈련하다

子どもに何をさせますか。　아이에게 무엇을 하게 합니까?

- 自然の中で遊ぶ
  자연 속에서 논다

- スポーツをする
  스포츠를 한다

- 一人で旅行する
  혼자서 여행한다

- いろいろな経験をする
  여러 가지 경험을 한다

- いい本をたくさん読む
  좋은 책을 많이 읽는다

- お年寄りの話を聞く
  노인의 이야기를 듣는다

- ボランティアに参加する
  자원봉사에 참가한다

- うちの仕事を手伝う
  집안일을 돕는다

- 弟や妹、おじいちゃん、おばあちゃんの世話をする
  남동생, 여동생, 할아버지, 할머니를 돌본다

- 自分がやりたいことをやる
  자신이 하고 싶은 일을 한다

- 自分のことは自分で決める
  자신의 일은 스스로 결정한다

- 自信を持つ
  자신감을 가진다

- 責任を持つ
  책임감을 가진다

- 我慢する
  참는다

- 塾へ行く
  학원에 간다

- ピアノや英語を習う
  피아노나 영어를 배운다

IV. 문법 해설

1. 사역동사

		사역동사	
		정중형	보통형
I	いきます	いかせます	いかせる
II	たべます	たべさせます	たべさせる
III	きます	こさせます	こさせる
	します	させます	させる

(주교재(本冊) 제48과 연습 A 1 참조)

사역동사는 II 그룹 동사로서 활용한다.
예：かかせます　かかせる　かかせ(ない)　かかせて

2. 사역동사의 문장

사역동사에는 동작주를「を」로 표시하는 것과「に」로 표시하는 것이 있다. 아래 1)과 같이 원래의 동사가 자동사인 경우에는 원칙적으로「を」로, 2)와 같이 타동사인 경우에는「に」로 표시한다.

1) N(사람)を 사역동사(자동사)　～를 ～시키다

① 部長は ミラーさんを アメリカへ 出張させます。
　부장은 밀러 씨를 미국으로 출장 보냅니다.

② わたしは 娘を 自由に 遊ばせました。
　저는 딸을 자유롭게 놀게 하였습니다.

[주] 자동사 중에서「N(장소)を」를 취하는 것은 동작주를「に」로 표시한다.

③ わたしは 子どもに 道の 右側を 歩かせます。
　저는 아이에게 길의 오른쪽을 걷게 합니다.

2) N₁(사람)に N₂を 사역동사(타동사)　～에게 ～를 ～게 하다

④ 朝は 忙しいですから、娘に 朝ごはんの 準備を 手伝わせます。
　아침에는 바쁘니까 딸에게 아침 식사 준비를 돕게 합니다.

⑤ 先生は 生徒に 自由に 意見を 言わせました。
　선생님은 학생에게 자유롭게 의견을 말하게 하였습니다.

3. 사역동사의 사용법

사역동사는 강제 또는 용인을 나타낸다. 예를 들어 부모가 아이에게, 형이 동생에게, 상사가 부하에게 등 손윗사람이 손아랫사람에게 어떤 행위를 시키거나 손아랫사람의 행위를 용인할 때 사용한다. 앞의 ①③④는 강제, ②⑤는 용인의 예이다.

[주] 보통 손아랫사람은 손윗사람에게 강제하거나 용인할 수 있는 입장이 아니기 때문에 사역동사를 사용한 표현은 사용하지 않는다. 어떤 일(아래 ⑥에서는「せつめいします」)을 타인(⑥에서는「ぶちょう」)에게 시키는 것을 말할 때는 「Ｖて형 いただきます」「Ｖて형 もらいます」와 같은 은혜를 나타내는 표현을 사용한다. 이 표현은 ⑦과 같이 동등 혹은 손아랫사람에 대해서도 은혜를 입었다는 것을 말하고 싶을 때는 사용할 수 있다.

⑥ わたしは 部長に 説明して いただきました。
　 저는 부장님에게서 설명을 들었습니다(부장님이 저에게 설명해 주셨습니다).

⑦ わたしは 友達に 説明して もらいました。
　 저는 친구에게서 설명을 들었습니다(친구가 저에게 설명해 주었습니다).

4. 사역동사て형 いただけませんか　~어 주시지 않겠습니까?

제26과에서「Ｖて형 いただけませんか」를 학습했다. 이것은 어떤 행위를 하도록 상대에게 의뢰하는 표현인데, 화자가 자신의 행위를 용인해 달라고 의뢰하는 경우에는「사역동사て형 いただけませんか」를 사용한다.

⑧ いい 先生を 紹介して いただけませんか。
　 좋은 선생님을 소개해 주시지 않겠습니까? (제26과)

⑨ 友達の 結婚式が あるので、早く 帰らせて いただけませんか。
　 친구 결혼식이 있으니까 빨리 돌아가게 해 주시지 않겠습니까?

⑧에서「しょうかいします」의 동작주는 청자인데, ⑨에서「かえります」의 동작주는 화자이다.

제 49 과

I. 어휘

りようしますⅢ	利用します	이용합니다
つとめますⅡ ［かいしゃに～］	勤めます ［会社に～］	근무합니다 [회사에 ～]
かけますⅡ ［いすに～］	掛けます	앉습니다 [의자에 ～]
すごしますⅠ	過ごします	지냅니다, 보냅니다
いらっしゃいますⅠ		계십니다, 가십니다, 오십니다 (「います」「いきます」「きます」의 존경어)
めしあがりますⅠ	召し上がります	드십니다, 잡수십니다 (「たべます」「のみます」의 존경어)
おっしゃいますⅠ		말씀하십니다, (성함은 ～라고) 하십니다 (「いいます」의 존경어)
なさいますⅠ		하십니다 (「します」의 존경어)
ごらんに なりますⅠ	ご覧に なります	보십니다 (「みます」의 존경어)
ごぞんじです	ご存じです	알고 계십니다 (「しって います」의 존경어)
あいさつ		인사, 인사말 (～を します : 인사를 합니다, 인사말을 합니다)
りょかん	旅館	여관
バスてい	バス停	버스 정류장
おくさま	奥様	(타인의) 부인 (「おくさん」의 존경어)
～さま	～様	～님 (「～さん」의 존경어)
たまに		가끔
どなたでも		누구든지 (「だれでも」의 존경어)
～と いいます		～라고 합니다

〈会話〉
一年一組　　　　　　　　　　　　　　　－학년 －반
出しますⅠ [熱を〜]　　　　　　　　냅니다 [열이 납니다]
よろしく お伝え ください。　　　　말씀 잘 전해 주십시오.
失礼いたします。　　　　　　　　　실례하겠습니다. (「しつれいします」의 겸양어)

※ひまわり小学校　　　　　　　　　실제로 존재하지 않는 소학교

〈読み物〉
経歴　　　　　　　　　　　　　　　경력
医学部　　　　　　　　　　　　　　의학부
目指しますⅠ　　　　　　　　　　　목표로 합니다
進みますⅠ　　　　　　　　　　　　진학합니다
iPS細胞　　　　　　　　　　　　　iPS 세포 (유도 만능 줄기 세포)
開発しますⅢ　　　　　　　　　　　개발합니다
マウス　　　　　　　　　　　　　　마우스, 실험용 생쥐
ヒト　　　　　　　　　　　　　　　사람, 현생 인류
受賞しますⅢ　　　　　　　　　　　수상합니다
講演会　　　　　　　　　　　　　　강연회

※山中伸弥　　　　　　　　　　　　일본의 의학자 (1962-)
※ノーベル賞　　　　　　　　　　　노벨상

II. 번역

문형
1. 과장님은 퇴근하셨습니다.
2. 사장님은 퇴근하셨습니다.
3. 부장님은 미국으로 출장 가십니다.
4. 잠깐만 기다려 주십시오.

예문
1. 이 책은 벌써 읽으셨습니까?
 ……네, 벌써 읽었습니다.
2. 부장님은 어디 계십니까?
 ……아까 외출하셨습니다.
3. 영화를 자주 보십니까?
 ……글쎄요. 아내와 같이 가끔 보러 갑니다.
4. 오가와 씨 아드님이 사쿠라 대학에 합격한 것을 아십니까?
 ……아니요, 몰랐습니다.
5. 성함은 어떻게 되십니까?
 ……와트라고 합니다.
6. 일은 무엇을 하고 계십니까?
 ……은행원입니다. 애플 은행에 근무하고 있습니다.
7. 마쓰모토 부장님은 계십니까?
 ……네, 이쪽 방에 계십니다. 어서 들어가십시오.

회화

말씀 잘 전해 주십시오

선생님 : 네, 히마와리 소학교입니다.
클라라 : 안녕하십니까?
 5학년 2반 한스 슈미트 엄마인데요, 이토 선생님은 계십니까?
선생님 : 아직 오지 않으셨는데요…
클라라 : 그럼 이토 선생님께 말씀 전해 주셨으면 하는데요…
선생님 : 네, 무슨 일인데요?
클라라 : 실은 한스가 어젯밤 열이 나서 오늘 아침까지도 아직 열이 내리지 않았습니다.
선생님 : 그건 안됐군요.
클라라 : 그래서 오늘은 학교를 쉬게 할 테니까 선생님께 말씀 잘 전해 주십시오.
선생님 : 알겠습니다. 몸조리 잘 하십시오.
클라라 : 감사합니다. 실례하겠습니다.

III. 참고 어휘와 정보

季節の行事   계절 행사

お正月 설, 신정
한 해의 시작을 축하하는 날. 신사나 절을 참배해서 1년간의 건강과 행복을 기원함.

1月1日〜3日

豆まき 콩 뿌리기
입춘 전날 저녁에 '귀신은 밖으로, 복은 안으로'라고 외치면서 콩을 뿌리는 행사.

2月3日ごろ

3月3日

ひな祭り
히나 인형 축제

여자 아이가 있는 가정에서는 히나 인형을 장식함.

5月5日

こどもの日 어린이날
아이의 성장과 건강을 축하하는 날. 원래는 남자 아이의 성장을 축하하는 날이었음.

7月7日

七夕 칠석
은하수 동서에 있는 견우와 직녀가 1년에 한 번 만난다는 중국의 전설이 기원임.

8月13日〜15日

조상의 영혼을 맞이하여 공양하는 불교 행사. 성묘를 함.

お盆
오본, 우란분회

9月15日ごろ

お月見
달맞이
아름다운 보름달을 보고 즐김.

大みそか 섣달 그믐날
한 해의 마지막 날. 대청소를 하거나 세찬을 만들며 설날 준비를 함. 밤 12시 전에 절에서 종을 침.

12月31日

IV. 문법 해설

1. 敬語(존경어, 겸양어)

「けいご」란 청자나 화제가 된 사람에 대한 경의를 나타내는 표현이다. 「けいご」를 사용할지 어떨지는 상대, 화제의 인물, 장면에 따라서 결정된다. 기본적으로 (1) 손윗사람이나 친하지 않은 사람과 이야기할 때, (2) 손윗사람에 관해서 말할 때, (3) 공식적인 장면에서 말할 때 등에 사용한다. 본서 제49과에서는 「そんけいご(존경어)」에 대해서, 제50과에서는 「けんじょうご(겸양어)」에 대해서 학습한다.

2. 尊敬語(존경어)

존경어는 동작이나 상태의 주체에 대한 경의를 나타낸다.

1) 동사

그 동작을 하는 사람에 대한 경의를 나타낸다.

(1) 존경동사 (주교재(本冊) 제49과 연습 A 1 참조)

수동동사와 같은 형태이며 Ⅱ그룹 동사로서 활용한다.

예: かかれます　かかれる　かかれ(ない)　かかれて

① 中村さんは 7時に 来られます。　　나카무라 씨는 7시에 오십니다.
② お酒を やめられたんですか。　　술을 끊으셨습니까?

(2) おVます形に なります

이 형태는 일반적으로 (1)의 존경동사보다 정중한 것으로 간주되고 있다. 「みます」「ねます」와 같이 ます형이 1음절인 동사와 Ⅲ그룹 동사에는 이 형태는 없다. 또한 아래 (3)에서 취급하는 특별한 존경어 형태가 있는 동사는 그것을 사용한다.

③ 社長は もう お帰りに なりました。　　사장님은 벌써 퇴근하셨습니다.

(3) 특별한 존경어 (주교재(本冊) 제49과 연습 A 4 참조)

일부 동사는 특별한 존경어 형태를 가진다. (2)와 동일한 정도의 경의를 나타낸다.

④ ワット先生は 研究室に いらっしゃいます。
　　와트 선생님은 연구실에 계십니다.

⑤ どうぞ 召し上がって ください。　　어서 드십시오.

[주1] 「いらっしゃいます(사전형: いらっしゃる)」「なさいます(사전형: なさる)」「くださいます(사전형: くださる)」「おっしゃいます(사전형: おっしゃる)」는 Ⅰ그룹 동사이나 활용에 주의하자.

예: いらっしゃいます (×いらっしゃります)　いらっしゃる
　　いらっしゃらない　いらっしゃった　いらっしゃらなかった

(4) お/ご~ ください

이 문형은 「Vて形 ください」(제14과 참조)의 존경형이다.
Ⅰ그룹과 Ⅱ그룹 동사는 「おVます形 ください」, Ⅲ그룹 동사(Nします)는 「ごN ください」라는 형태가 된다.

⑥ どうぞ お入り ください。　　　어서 들어오십시오.
⑦ 忘れ物に ご注意 ください。　　잊은 물건이 없도록 주의하십시오.
「みます」「ねます」와 같이 ます형이 1음절인 동사는 이 형태를 사용하지 않는다. (3)에서 다룬 특별한 존경어 형태를 가지는 동사의 경우는 그 존경어의 「て형 ください」를 사용한다.

⑧ また いらっしゃって ください。　　또 와 주십시오.

2) 명사, 형용사, 부사
명사나 형용사, 부사에 「お」 또는 「ご」를 붙여서 그 명사의 소유자나 그 상태에 있는 사람에 대한 경의를 나타낸다. 「お」「ご」어느 쪽이 붙는가는 단어마다 정해져 있다. 일반적으로 「お」는 일본어 고유어에, 「ご」는 중국어에서 들어온 단어에 붙는 일이 많다.

「お」가 붙는 단어 예　　　　　　　「ご」가 붙는 단어 예

명사　　お国, お名前, お仕事　　　명사　　ご家族, ご意見, ご旅行
　　　　お約束, お電話
な형용사　お元気, お上手, お暇　　　な형용사　ご熱心, ご親切
い형용사　お忙しい, お若い　　　　부사　　　ご自由に

[주2] 「けいご」를 사용하는 경우, 동사뿐만 아니라 그 문장에서 사용되는 다른 단어도 경어형을 사용하는 일이 많다.
⑨ 部長の 奥様も ごいっしょに ゴルフに 行かれます。
　　부장님 부인도 골프를 하러 같이 가십니다.

3. 존경어, 겸양어와 문체

화제가 되는 사람에 대한 경의를 나타내면서도 청자에 대한 경의를 나타낼 필요가 없을 경우에는 ⑩과 같이 「けいご」가 보통체 문장에서 사용된다.
⑩ 部長は 何時に いらっしゃる?
　　부장님은 몇 시에 오셔?

4. ～まして

정중하게 말하고 싶을 때는 「Vて형」을 「Vます형まして」로 바꾸는 일이 있다.
⑪ ハンスが ゆうべ 熱を 出しまして、けさも まだ 下がらないんです。
　　한스가 어젯밤 열이 나서 오늘 아침까지도 아직 열이 내리지 않았습니다.

5. ～ますので

「보통형ので」를 더 정중하게 말하고 싶을 때는 「정중형ので」를 사용하는 일이 있다.
⑫ きょうは 学校を 休ませますので、先生に よろしく お伝え ください。
　　오늘은 학교를 쉬게 할 테니까 선생님께 말씀 잘 전해 주십시오.

제 50 과

I. 어휘

まいりますⅠ	参ります	갑니다, 옵니다 (「いきます」「きます」의 겸양어)
おりますⅠ		있습니다 (「います」의 겸양어)
いただきますⅠ		먹습니다, 마십니다, 받습니다 (「たべます」「のみます」「もらいます」의 겸양어)
もうしますⅠ	申します	말합니다, (이름은 ~라고) 합니다 (「いいます」의 겸양어)
いたしますⅠ		합니다 (「します」의 겸양어)
はいけんしますⅢ	拝見します	봅니다 (「みます」의 겸양어)
ぞんじますⅡ	存じます	압니다 (「しります」의 겸양어)
うかがいますⅠ	伺います	묻습니다, 듣습니다, 찾아뵙습니다 (「ききます」「いきます」의 겸양어)
おめに かかりますⅠ	お目に かかります	뵙습니다 (「あいます」의 겸양어)
いれますⅡ [コーヒーを~]		내립니다 [커피를 ~]
よういしますⅢ	用意します	준비합니다
わたくし	私	저 (「わたし」의 겸양어)
ガイド		가이드, 안내원
メールアドレス		이메일 주소
スケジュール		스케줄
さらいしゅう*	さ来週	다다음 주
さらいげつ	さ来月	다다음 달
さらいねん*	さ来年	내후년
はじめに	初めに	먼저
※江戸東京博物館		에도 도쿄 박물관

〈会話〉
緊張します Ⅲ　　　　　　　　　긴장합니다
賞金　　　　　　　　　　　　상금
きりん　　　　　　　　　　　기린
ころ　　　　　　　　　　　　때, 즈음
かないます Ⅰ［夢が～］　　　이루어집니다［꿈이 ～］
応援します Ⅲ　　　　　　　　응원합니다
心から　　　　　　　　　　　진심으로
感謝します Ⅲ　　　　　　　　감사합니다

〈読み物〉
お礼　　　　　　　　　　　　답례
お元気で いらっしゃいますか。　안녕하십니까?（「おげんきですか」
　　　　　　　　　　　　　　　　의 존경어）
迷惑を かけます Ⅱ　　　　　폐를 끼칩니다
生かします Ⅰ　　　　　　　　살립니다

※ミュンヘン　　　　　　　　뮌헨 (독일의 도시)

II. 번역

문형
1. 이달의 스케줄을 보내 드리겠습니다.
2. 내일 3시에 찾아뵙겠습니다.
3. 저는 미국에서 왔습니다.

예문
1. 무거워 보이는데요. 들어 드릴까요?
   ……미안합니다. 부탁합니다.
2. 가이드 님, 여기를 본 후에 어디로 갑니까?
   ……에도 도쿄 박물관으로 안내해 드리겠습니다.
3. 굽타 씨 도착은 2시지요? 누가 마중 나갑니까?
   ……네, 제가 가겠습니다.
4. 표를 잠깐 검사하겠습니다.
   ……네.
   대단히 감사합니다.
5. 이쪽은 밀러 씨입니다.
   ……처음 뵙겠습니다. 밀러라고 합니다.
   부디 잘 부탁 드립니다.
6. 가족 분은 어디에 계십니까?
   ……뉴욕에 있습니다.

회화
진심으로 감사 드립니다

사회자 : 우승을 축하합니다.
         훌륭한 스피치였습니다.
밀러 :   감사합니다.
사회자 : 긴장하셨습니까?
밀러 :   네, 너무 긴장했습니다.
사회자 : 연습은 힘들었습니까?
밀러 :   네. 바빠서 좀처럼 연습 시간을 낼 수 없었습니다.
사회자 : 상금은 어디에 사용하시겠습니까?
밀러 :   글쎄요. 저는 동물을 좋아해서 어렸을 때부터 아프리카에 가는 것이 꿈
         이었습니다.
사회자 : 그럼 아프리카에 가시겠습니까?
밀러 :   네. 아프리카의 자연 속에서 기린과 코끼리를 보고 싶습니다.
사회자 : 어렸을 때의 꿈이 이루어지는군요.
밀러 :   네. 기쁩니다.
         응원해 주신 모든 분께 진심으로 감사 드립니다.
         대단히 감사합니다.

III. 참고 어휘와 정보

封筒・はがきのあて名の書き方　봉투・엽서의 받는 사람 쓰는 법

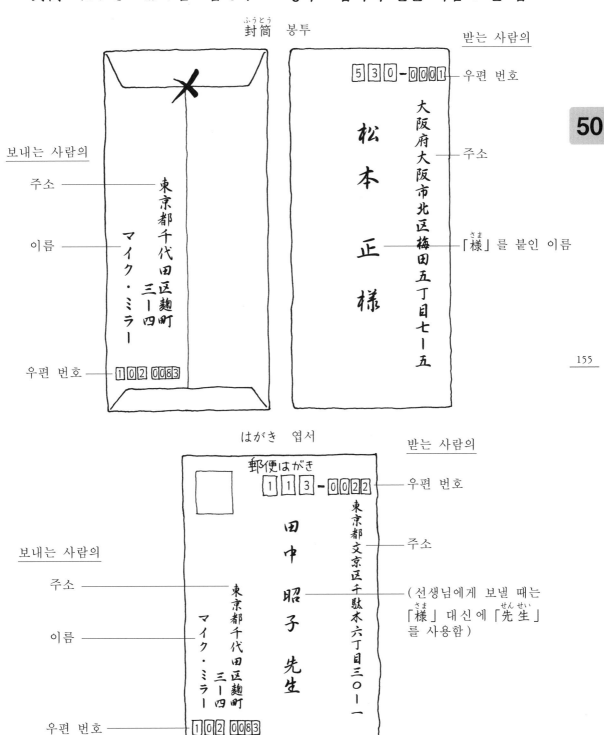

IV. 문법 해설

1. 謙譲語Ⅰ (겸양어Ⅰ-동사)

겸양어Ⅰ이란 화자나 화자 측 사람이 하는 동작의 대상이 되는 상대나 상대 측 사람에게 경의를 나타내기 위해서 화자나 화자 측 사람의 동작을 낮추어서 말하는 표현이다.

1) お／ご～します

   (1) おＶ（Ⅰ・Ⅱ그룹）ます형します

   ① 重そうですね。お持ちしましょうか。
      무거워 보이는데요. 들어 드릴까요?
   ② 私が社長にスケジュールをお知らせします。
      제가 사장님께 스케줄을 알려 드리겠습니다.
   ③ 兄が車でお送りします。
      형이 차로 바래다 드리겠습니다.

   ①은 (짐을) 들고 있는 상대(짐의 소유자, 이 경우에는 청자)에 대해서, ②는 '알리다'라는 동작의 대상이 되는 '사장'에 대해서, ③은 차로 바래다 주는 상대(이 경우는 청자)에 대해서 화자의 경의를 나타내고 있다.
   또한 이 형태는 「みます」「います」와 같이 ます형이 1음절인 동사에는 사용할 수 없다.

   (2) ごＶ（Ⅲ그룹）

   ④ 江戸東京博物館へご案内します。
      에도 도쿄 박물관으로 안내해 드리겠습니다.
   ⑤ きょうの予定をご説明します。
      오늘 예정을 설명해 드리겠습니다.

   이 형태는 Ⅲ그룹 동사에서 사용된다. 위 예문의 동사 이외에 「しょうかいします」「しょうたいします」「そうだんします」「れんらくします」등이 있다. 단, 「でんわします」「やくそくします」등은 예외적으로 「ご」가 아니라 「お」가 붙는다.

2) 특별한 겸양어 (주교재(**本冊**) 제50과 연습 A 3 참조)
   일부 동사는 특별한 겸양어 형태를 가지고 있다.

   ⑥ 社長の奥様にお目にかかりました。
      사장님 부인을 뵀습니다.
   ⑦ あしたはだれが手伝いに来てくれますか。
      ……私が伺います。
      내일은 누가 도와주러 오겠습니까?
      ……제가 찾아뵙겠습니다.

2. 謙譲語Ⅱ (겸양어Ⅱ-동사)

화자나 화자 측 사람이 하는 동작을 상대에게 정중히 말하는 표현이다.

⑧ 私は ミラーと 申します。　　　　　　저는 밀러라고 합니다.

⑨ アメリカから 参りました。　　　　　미국에서 왔습니다.

⑧은「いいます」대신에「もうします」를, ⑨는「きました」대신에「まいりました」를 사용함으로써 화자가 자신의 행위를 상대에게 정중히 말하고 있다. 이런 겸양어는 이 외에「いたします」「[~て] おります」등이 있다.

監修 감수
鶴尾能子（쓰루오 요시코）　石沢弘子（이시자와 히로코）

執筆協力 집필 협력
田中よね（다나카 요네）　澤田幸子（사와다 사치고）　重川明美（시게카와 아케미）
牧野昭子（마키노 아키코）　御子神慶子（미코가미 게이코）

韓国語翻訳 한국어 번역
韓文化言語工房　中村克哉（한문화언어공방 나카무라 가츠야）
奉美慶（봉미경）

本文イラスト 본문 일러스트
向井直子（무카이 나오코）　山本和香（야마모토 와카）　佐藤夏枝（사토 나쓰에）

装丁・本文デザイン 장정・본문 디자인
山田武（야마다 다케시）

みんなの日本語　初級Ⅱ　第2版
翻訳・文法解説　韓国語版

1999年3月25日　初版第1刷発行
2015年2月12日　第2版第1刷発行
2024年6月5日　第2版第6刷発行

編著者　スリーエーネットワーク
発行者　藤嵜政子
発　行　株式会社スリーエーネットワーク
　　　　〒102-0083　東京都千代田区麹町3丁目4番
　　　　　　　　　　トラスティ麹町ビル2F
　　　　電話　営業　03(5275)2722
　　　　　　　編集　03(5275)2725
　　　　https://www.3anet.co.jp/
印　刷　倉敷印刷株式会社

ISBN978-4-88319-708-8 C0081
落丁・乱丁本はお取替えいたします。
本書の全部または一部を無断で複写複製（コピー）することは著作権法上での例外を除き、禁じられています。
「みんなの日本語」は株式会社スリーエーネットワークの登録商標です。

みんなの日本語シリーズ

みんなの日本語 初級I 第2版

- 本冊(CD付) ……………… 2,750円(税込)
- 本冊 ローマ字版(CD付) …… 2,750円(税込)
- 翻訳・文法解説 ………… 各2,200円(税込)
  英語版／ローマ字版【英語】／中国語版／韓国語版／ドイツ語版／スペイン語版／ポルトガル語版／ベトナム語版／イタリア語版／フランス語版／ロシア語版(新版)／タイ語版／インドネシア語版／ビルマ語版／シンハラ語版／ネパール語版
- 教え方の手引き ……………… 3,080円(税込)
- 初級で読めるトピック25 …… 1,540円(税込)
- 聴解タスク25 ……………… 2,200円(税込)
- 標準問題集 ……………………… 990円(税込)
- 漢字 英語版 ………………… 1,980円(税込)
- 漢字 ベトナム語版 ………… 1,980円(税込)
- 漢字練習帳 ……………………… 990円(税込)
- 書いて覚える文型練習帳 …… 1,430円(税込)
- 導入・練習イラスト集 ……… 2,420円(税込)
- CD 5枚セット ……………… 8,800円(税込)
- 会話DVD …………………… 8,800円(税込)
- 会話DVD PAL方式 …… 8,800円(税込)
- 絵教材CD-ROMブック …… 3,300円(税込)

みんなの日本語 初級II 第2版

- 本冊(CD付) ……………… 2,750円(税込)
- 翻訳・文法解説 ………… 各2,200円(税込)
  英語版／中国語版／韓国語版／ドイツ語版／スペイン語版／ポルトガル語版／ベトナム語版／イタリア語版／フランス語版／ロシア語版(新版)／タイ語版／インドネシア語版／ビルマ語版／ネパール語版
- 教え方の手引き ……………… 3,080円(税込)
- 初級で読めるトピック25 …… 1,540円(税込)
- 聴解タスク25 ……………… 2,640円(税込)
- 標準問題集 ……………………… 990円(税込)
- 漢字 英語版 ………………… 1,980円(税込)
- 漢字 ベトナム語版 ………… 1,980円(税込)
- 漢字練習帳 ………………… 1,320円(税込)
- 書いて覚える文型練習帳 …… 1,430円(税込)
- 導入・練習イラスト集 ……… 2,640円(税込)
- CD 5枚セット ……………… 8,800円(税込)
- 会話DVD …………………… 8,800円(税込)
- 会話DVD PAL方式 …… 8,800円(税込)
- 絵教材CD-ROMブック …… 3,300円(税込)

みんなの日本語 初級 第2版

- やさしい作文 ……………… 1,320円(税込)

みんなの日本語 中級I

- 本冊(CD付) ……………… 3,080円(税込)
- 翻訳・文法解説 ………… 各1,760円(税込)
  英語版／中国語版／韓国語版／ドイツ語版／スペイン語版／ポルトガル語版／フランス語版／ベトナム語版
- 教え方の手引き ……………… 2,750円(税込)
- 標準問題集 ……………………… 990円(税込)
- くり返して覚える単語帳 ……… 990円(税込)

みんなの日本語 中級II

- 本冊(CD付) ……………… 3,080円(税込)
- 翻訳・文法解説 ………… 各1,980円(税込)
  英語版／中国語版／韓国語版／ドイツ語版／スペイン語版／ポルトガル語版／フランス語版／ベトナム語版
- 教え方の手引き ……………… 2,750円(税込)
- 標準問題集 ……………………… 990円(税込)
- くり返して覚える単語帳 ……… 990円(税込)

- 小説 ミラーさん
  ―みんなの日本語初級シリーズ―
- 小説 ミラーさんII
  ―みんなの日本語初級シリーズ―
  ……………………… 各1,100円(税込)

スリーエーネットワーク

ウェブサイトで新刊や日本語セミナーをご案内しております。
https://www.3anet.co.jp/